JN101562

MUSICAL EXPRESSION

保育内容
「音楽表現」
声から音楽へ　響きあう心と身体

渡邊雄介 監修
Watanabe Yusuke

芳野道子＋越智光輝 編著
Yoshino Michiko　Ochi Mitsuteru

福村出版

監 修 の こ と ば

　本書は、日本で初めて「声」のみを診療対象として立ち上げられた東京ボイスセンター
に芳野道子先生がご自身の演奏前にのどのチェックのために受診され、診療時間の中で先
生の音楽教育、またそれに関する声の重要性を力説される姿に心が動かされた縁で私が監
修をすることになりました。幼児への音楽教育が重要なことは多数の論文に記載がある通
りです。その中で幼児の音楽教育に関して様々な教科書が出版されていますが、医師が関
与する本は少なく、さらに「声」を専門とする医師が出筆者に加わっている教科書は見当
たりません。人間の身体構造を理解した上で子どもたちへ音楽教育を行うことは、医療関
係者でない方々には決して易しいことではありませんが、何か教育方法に疑問が出てきた
ときその解答を得る大きなヒントになり得ると確信しています。

　さらに本書では音楽表現の基礎から具体的な子どもへの音楽教育方法まで芳野道子先生
をはじめとするすべての出筆者の文章が、まさに筆の演奏が本書の中でシンフォニーとし
て時にはゆっくりと、時には情熱的に素晴らしい音楽を奏でています。本書を手にとられ
た読者の方々は第一楽章から第六楽章までぜひ何度も鑑賞していただけると、その度に、
あらたな気付きが発見できるはずです。

　最後に本文章を書いている時点ではまだコロナ禍の真っ只中です。密接密集密閉の中で
は声を出すのは危険とされています。しかし科学的根拠にそって対処を行い冷静に目の前
にいる未来ある子どもたちへ情熱をもって音楽教育を行うことは我々の使命であると考え
ます。5 年後 10 年後目の前の子どもたちが笑顔であることを想像して監修のことばとし
たいと思います。

国際医療福祉大学医学部教授
東京ボイスセンターセンター長
渡邊雄介

は じ め に

　令和 3（2021）年、全世界の人々がこれほどまでに "健康" への強い願いを抱いた年は、近年において存在したでしょうか……。新型コロナウイルスの感染拡大による影響は、大人から子どもに至る社会生活に及び、さまざまな場面での変更を余儀なくされた現実がありました。しかし、こんな厳しさを若人はしなやかに受けとめ、彼らの見据える視線の先は未来を見つめ、目標である保育者になるための歩みが、日々、着実に始まっています。

　本書では、健康がクローズアップされている現代社会の様相を鑑み、保育者を目指すあなたに「心と身体の健康」を考えてもらうために、子どもの音楽表現・歌唱に深い関係を持つ『声』の健康を本書のテーマにしました。その理由とは、保育者や学校の教員は、子どもへの指導に「声」を使う頻度が高く、「声」の健康面においてはダメージを受けやすい状況にいます。筆者自身の体験および学生、先輩保育者の事例からも、配慮すべき実態が見えてきます。保育者にとって自身の「声」は、子どもとの大切なコミュニケーションツール、絆であり、子どもにとってその「音色」は、心に響く愛となりえます。さらには、保育者自身の『声』の健康への意識は、子どもの歌唱における『声』についての意識を高め、声の美しさにつながります。そして、保育者の音楽表現へのあり方に音楽的要素がより深く関わることになり、子どもの歌唱における音楽表現の質の向上が期待できます。

　本書における最新の「声」に関わる知識や取り組みについての講義は、きっとあなたの保育者としての音楽表現活動への力強い支えとなるものと確信します。そして、あなた自身も豊かな「表現者」として、子どもたちの音楽表現に寄り添う唯一の存在として、活躍が期待されます。

　本書は幼稚園教諭・保育士養成課程において保育者を目指す方々、さらに、幼児期の音楽表現の指導法について学びたい方々のために、新しい知見を次のように展開し書き下ろしています。

　全体を【理論編】と【実践編】の 2 編に分けて構成しています。
　【理論編】では、子どもの音楽表現の 源 を、音の原点の 1 つ、多様な機能を持つ「音声」に焦点を集めた「声の発達と健康・音声学の初歩」を通して学びます。さらに「保育

における音楽表現の基礎」を、保育者として必要且つ不可欠な知識として身につけ、ご自身の知的財産として、子どもの教育的指導に役立てることを望みます。

　【実践編】では、「子どもの音楽的表現」の多様性を、保育現場の気づきの中から、そして、子どもの音読を用いた取り組みと音楽療法を通して学びます。

　「子どもの音楽表現活動」の分野を歌唱と器楽・合奏に分け、その歴史をたどりつつ、子どもの豊かな音楽表現を求めた活動の基礎を学びます。

　「自由な表現」では、五感を存分に駆使した、さまざまな音楽活動を通して、心と身体を連動させる、新しい音楽表現のあり方を提案します。

　「保育に役立つ実践」では、保育現場の音楽表現活動にただちに役立つ実践活動を、事例とともにわかりやすく展開しています。どの活動も、子どもが興味を持ち楽しく活動できる内容であり、豊かな音楽表現を育みます。また、保育者にとっては、自分自身の「音楽力」を培う活動と考えます。簡易伴奏ができること、および音楽指導案作成については、保育者としての音楽的基礎力の構築に、大いに役立つことが期待できます。（上記内容の詳細については 17 頁の「学びの窓」参照）

　本書で学んでいただく多くの方々の活躍により、【音楽の力】と【音楽の美しさ】そして【豊かな音楽表現】を、保育現場での音楽表現活動の実践で、明日の未来を創る子どもたちに伝え、育むことを心より深く願っております。

　　　　　音楽は何らかの目的のために役立つものでなければならない。

　　　　　つまり、音楽はそれ自体より大きなものの一部、

　　　　　人間性の一部でなければならない

　　　　　　　　　　　　　　Pablo Casals　「喜びと悲しみ」より

　なお、本書の監修者として、国際医療福祉大学医学部教授山王病院東京ボイスセンター長渡邊雄介先生から、先生のご専門分野、「音声」についての温かく詳細なご指導およびご助言を賜り、監修の言葉・序文をご執筆いただきました。ここにあらためて、篤く謝意を申し上げます。

　さらに、二村耳鼻咽喉科ボイスクリニック院長二村吉継先生にご執筆いただきました医学分野からの英知は、本書で学ぶ方々にとって、生涯の学術書として光輝く存在になるも

のと確信いたします。そして、著者としてご執筆いただきました東原文子先生、小島直子先生、田嶋勉先生、古木竜太先生、関口明子先生、田尻真珠先生、根岸良太先生、鳥海楓華先生、武蔵野短期大学附属幼稚園の先生方に多大なる御尽力をいただき、音楽表現にふさわしい聡明なる品格を本書に与えてくださいましたことに、深く感謝を申し上げる次第であります。また、絵本『おとなもね…』の本書掲載にお力添えいただきました高浜市役所こども育成グループ様に、心より感謝を申し上げます。

令和4（2022）年3月
編著者　**芳野道子・越智光輝**

もくじ

序章　子どもの表現を育む礎

1 節　「子どもの権利」

　子どもの権利に関する条約、**国連・子どもの権利条約**は、子どもの基本的人権を国際的に保障するために定められた条約です。18歳未満の児童（子ども）を、権利をもつ主体と位置づけ、大人と同様に一人の人間としての人権を認めるとともに、成長の過程で特別な保護や配慮が必要な子どもならではの権利も定めています。前文と本文54条からなり、子どもの生存、発達、保護、参加という包括的な権利を実現・確保するために必要となる具体的な事項を規定しています。国連・子どもの権利条約は、平成元（1989）年の第44回国連総会において採択され、平成2（1990）年に発効しました。日本は平成6（1994）年に国連・子どもの権利条約を批准して今日に至っています。

2 節　第12条・意見表明権と第13条・表現、情報の自由

　子どもの権利条約54条の条文の中より、最も子どもの「表現」と関わりをもつ条文の第12条、および第13条を紹介します。

　第12条（意見表明権）の条文について、岡（2009）は「子どもの権利」の観点より「自己の見解」である「意見」とは opinion（自分の価値観をもって識別、認識する行為）ではなく、view（自分の中に確かな価値観はないが周囲や環境をみて、それを認知、識別する行為）である、として示されていることを注視して、国連・子どもの権利委員会（子どもの権利条約43条に基づき「この条約において約束された義務の実現を達成することにつき、締約国によってなされた進捗を審査するために設置された機関」）が、乳幼児期の子どもの権利についての理念を述べていることを紹介しています。

　「乳児期における子どもの権利の実施に関する一般的注釈第7号」（2005年に提示）に

第 12 条（意見表明権）

1. 締約国は、自己の見解をまとめる力のある子どもに対して、その子どもに影響を与えるすべての事柄について自由に自己の見解を表明する権利を保証する。その際、子どもの見解が、その年齢および成熟に従い、正当に重視される。

2. この目的のため、子どもは、とくに、国内法の手続規則と一致する方法で、自己に影響を与えるあらゆる司法的および行政的手続きにおいても、直接にまたは代理人もしくは適当な団体を通じて聴聞される機会を与えられる。

第 13 条（表現・情報の自由）

1. 子どもは表現の自由への権利を有する。この権利は、国境にかかわりなく、口頭、手書きもしくは印刷、芸術の形態または子どもが選択する他のあらゆる方法により、あらゆる種類の情報および考えを求め、受け、かつ伝える自由を含む。

2. この権利の行使については、一定の制限を課することができる。ただし、その制限は、法律によって定められ、かつ次の目的のために必要とされるものに限る。

a. 他の者の権利または信用の尊重

b. 国の安全、公の秩序または公衆の健康もしくは道徳の保護

おいて、国連・子どもの権利委員会は以下のような提言を述べています。

　乳幼児の意見および気持ちの尊重として：

1, この権利は自己の権利の促進、保護および監視への積極的な参加者としての乳幼児の地位の強化につながる。

2, これまで乳幼児は未発達であり、理解、コミュニケーション、選択の基本的能力さえも欠いているとみなされてきたが、第 12 条は年少の子どもおよび年長の子どもの双方に適用されるべきである。

3, 乳幼児は、権利の保持者として、たとえ生まれたばかりの子どもであっても、自己の見解を表明する資格を与えられ、その意見は子どもの年齢と成熟に応じて適切に考慮されるべきである。

4, 乳幼児は、その環境を敏感に感じ取ることができ、自分の生活における人々、場所、および日常的な事柄を非常に迅速に理解し、自分自身の固有のアイデンティティを自覚する。

5, 乳幼児は、話し言葉および書き言葉を通じたコミュニケーションができるずっと以

前から選択をし、様々な方法で、自分の感情、考えおよび希望をコミュニケートしている。

　このように、国連・子どもの権利委員会は、乳幼児の発達について、鋭く指摘した提言を述べています。

　また、締約国については、「乳幼児が関連するあらゆる場面における日常的活動の中で、乳幼児が斬新的に自己の権利を行使できるような機会を創設するために必要かつ適切な措置をとるべきである。それには、親、専門家、公的機関が積極的に関与していくことを締約国が促進し、そのためのスキル訓練を締約国が提供していく必要がある。そして、乳幼児の参加の権利の達成と、子どもの権利の尊厳を図るために、大人には下記のような行動が求められる。

1,　子ども中心の態度をとる。
2,　乳幼児の声に耳を傾ける。
3,　乳幼児の尊厳および個人としての視点を尊重する。
4,　乳幼児の関心、理解水準、意思疎通の手段に関する好みに合わせて自分たちの期待を修正し、忍耐と創造性を示す。

　以上のような措置、行動が締約国には求められる」と「子どもの権利」の尊厳を述べています。

　ここまで、日本が1994年に批准した国連・子どもの権利条約について述べてきました。これら、子どもの権利に関わる学びを礎として、保育者は子どもの「気持ち」やその過程を尊重することはもちろんのこと、子どもの心の非言語的表現である「**内なる言葉**」を聴き取り、かつ理解し、その願いの実現に向けて、子ども自らが取り組むために必要な支援を行うことが求められます。

3節　「子どもの権利」に心をよせて

　ここに「子どもの権利」について、わかりやすく、シンプルで明解に問題提起をしている優れた絵本『おとなもね…』を紹介します。

　この絵本は、愛知県高浜市が、日本が**国連・子どもの権利条約（1994年）**に批准した

ことを受け、その理念を自治体として踏まえるために「たかはま子ども市民憲章」（平成15（2003）年11月制定）を作成・制定しました。さらに「たかはま子ども市民憲章」を、広く多くの大人に 普及・啓発することを目的として絵本『おとなもね…』が平成18（2006）年に作成されました。

　令和3（2021）年、新型コロナウィルスの感染拡大の影響は瞬く間に全世界に広がり、日本においても先の見通せない日々が続きました。学生たちの学び方もかつて経験のない遠隔授業を余儀なくされ、社会では、医療現場の過酷な現実と経済の危機という社会全体が激変する状況のもと、日常生活においては「子どもの権利」を守ることの重要性が今日、社会の中で浮き彫りになっています。

　厚生労働省・令和3年度全国児童福祉主管課長・児童相談所長会議資料「児童相談所での児童虐待対応件数とその推移. 1. 令和2年度の児童相談所での児童虐待対応件数」によると、全国220か所の児童相談所が児童虐待相談として対応した件数は20万5029件（速報値）で、過去最多となり前年度比 +5.8% と大きく増加しています。なかでも、種類別件数のなかで、保育所は1607件（全体の0.8%）、幼稚園は479件（全体の0.2%）を占めており、憂慮すべき課題を大人社会に示しています。法律家、後藤啓二は『子どもを虐待から守る本』（2011）を刊行し、「虐待は犯罪であり子ども虐待を根絶することは、国家の大人社会の最大の責務である」と断言しています。

　上記の実態を踏まえ、子どもと最前線で向き合い、関わりをもつ保育者にとって、子どもが生まれながらにして保持している「子どもの権利」への意識を高めるとともに、保育者としての専門性と責任を有するための自覚と研鑽を重ねていくことが、今日ほど求められている時代はないと言えるでしょう。

　子どもの豊かな**「表現の礎」**を育むためには、保育者の義務として**「子どもの権利」**を守り擁護するための**「まなざしと姿勢」**が求められています。

絵本『おとなもね…』表紙および裏表紙

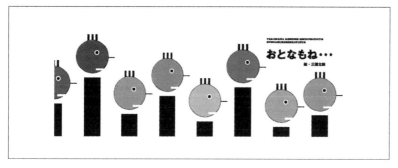

1枚目：なやみます。おとなですから…

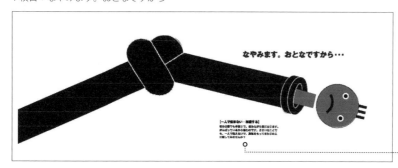

一人で悩まない・相談する
初めは誰でも手探りで、悩みながら親になります。
がんばっているから悩むのです。ささいなことでも、一人で抱えないで、勇気をもってまわりの人に話してみませんか？

2枚目：まちましょう。おとなですから…

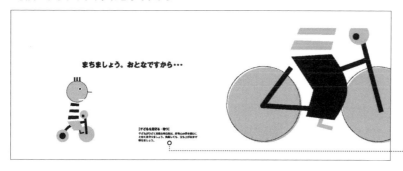

子どもを見守る・待つ
子どもがひどく危険な時以外は、好奇心の芽を摘むことなく見守りましょう。
失敗しても、立ち上がるまで待ちましょう。

3枚目：くらべないで。おとなですから…

きょうだい、子どもを比較しない
子どもは一人ひとり違います。大人もみんな違います。それぞれの個性を見つめ、大切に大切に育てましょう。違いは比べるものではありません。いくつもの違った輝きを喜び合いましょう。

4枚目：ききましょう。おとなですから…

子どもを受け止める・話を聴く

子どもの話をゆっくり聞いてあげましょう。思いや考えを尊重し、必要ならアドバイスをしましょう。
「受け入れられている」その安心感でがんばれるのです。

5枚目：みなおします。おとなですから…

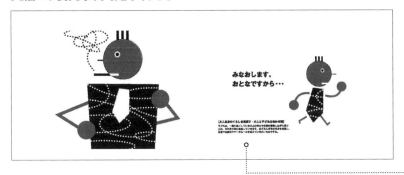

大人自身のくらしを見直す・大人と子どもは合わせ鏡

子どもは、一緒に過ごしている大人の考えや言葉を観察しながら受け入れ、それを手本に成長していきます。まず大人が自分自身を見直し、社会で必要なマナーやルールを伝えていきたいものですね。

6枚目：おしつけないで。おとなですから…

子どもを一人の人間として扱う

「子どものため…」と言いながら、大人の都合に合わせようとしていませんか。
小さくても一人の人間として扱い、子どもの「伸びていきたい！」という思いを大切にしていきましょう。

7枚目：おこらないで。おとなですから…

深呼吸・叱り方

感情に走らず、まず深呼吸してみましょう。
言葉を選び、落ち着いて子どもに伝えましょう。

8枚目：おとなにもね。おとなもね…

余裕・親年齢
大人も子どももうれしいこ
とやいやなことは同じで
す。子どもが1歳なら親と
しての年齢も1歳です。
一緒にゆっくり成長してい
きましょう。

（たかはま子ども市民憲章普及啓発委員会・たかはま子ども市民憲章大人向け啓発書づくりワークショップ, 2006）

学びの窓

【窓】は新しい風の通り道……『保育内容「音楽表現」——声から音楽へ　響きあう心と身体』の窓が今、開かれようとしています。さあ、その新しい風に乗り、楽しく豊かで、美しい、保育における音楽表現への学びが始まります。

理 論 編

● 第 1 章　声の発達と健康・音声学の初歩

　乳幼児期から成人に至るまで言葉の獲得や声変わり経験をしながら、心身ともに発達していく過程を学びます。また保育者自身の声の健康とケアについて学びます。

　さらに声や言葉の基礎である音声学を通じて、子どもの音楽教育を担う保育者としての大切な知識を身につけます。

● 第 2 章　保育における音楽的表現の基礎

　『幼稚園教育要領』『保育所保育指針』『幼保連携型認定こども園教育・保育要領』等における保育内容に関する基礎的知識について学びます。これらの知識を十分に理解し身につけることは、幼児教育にたずさわる保育者にとっては、必須のことであります。そして、幼児の発達の側面からまとめて編成された、5 領域における領域「表現」への音楽にかかわる理解を深めながら、その目指すものを学びます。音楽表現の発達においては、幼児期の認知的発達を踏まえた多様な音楽表現と、その発達過程を学びます。さらに、優れた子どもの音楽教育法を知識として身につけ、保育者として保育場面での子どもの音楽教育に役立てます。

実　践　編

● 第３章　子どもの音楽的表現

　子どもの音楽的表現力は、友だちとの遊びや保育者との関わりの中から、新しい音楽表現の「芽」が育まれ成長し、培われていきます。保育場面における子どものさまざまな活動の事例や、保育者の「気づき」による解説を通して学ぶことで、子どもの音楽表現の多様性と奥深さを理解することができます。さらに、音楽表現の臨床的側面から掘り下げ、音声による「詩の音読」の優れた研究事例、および、より臨床的意味を持つ「音楽療法」に用いられる音楽表現を通して、音楽のもつ多様な役割や効果を踏まえた《音楽の力》についての学びを深めます。

● 第４章　子どもの音楽表現活動──歌唱と器楽

　歌唱では、日本における「子どもの歌の歴史」、特に「唱歌」、「童謡」、「わらべうた」の歴史的歩みを、当時の社会的背景を踏まえながら、その音楽的特徴を学びます。また、わらべうた構成音階について、日本の旋律を含めて分かりやすく解説しています。さらに、保育者として身につけてほしい歌唱の基礎的発声法について、呼吸法、発声器官、共鳴器官、姿勢を通してその基本を学びます。そして、保育場面における歌唱教材のもつ音楽的要素を解説より学び、歌唱活動への理解を深めることにより、その活用の可能性を広げます。

　器楽では、「音」の受容と表出について幼稚園教育要領、保育所保育指針との比較を通して、詳細に「音の聴き方」への理解を深めます。また、弦楽器、管楽器、打楽器、和楽器についての基本的知識を学び、保育者としての音楽における器楽の知識を豊かに育み、その専門性を子どもへの音楽表現指導に役立てることができます。

● 第５章　自由な表現

　領域「表現」を踏まえた楽器の取り扱いでは、楽器分類におけるさまざまな面からの矛盾を取り上げ、現在、学術的にスタンダードな楽器分類方法の１つに挙げられている、ザックス＝ホルンボステル分類について詳しく解説します。また、楽譜からの情報によ

る印象の変化が、さまざまな国の個性ある音群や旋律として紹介され、さらに、音符を使わず楽譜を作成する取り組みや、素材を生かした個性ある音づくりを通して、自由な表現への可能性とともに音楽の世界観が広がります。心と身体の動きをともなう音楽表現活動、リトミックの具体的活動について、楽曲とともに、リトミックの活動に参加している子どもたちが、豊かで楽しさを感じ取ることができる活動内容が多く紹介されています。次に、身体のムーブメントでは、オノマトペを題材にした動作の創作を学びます。さらに、身体部位を用いた想像力の育成とアレンジの工夫による変化への可能性を、身体表現によるパフォーマンスにより《心と身体と音楽》の連動を体感しながら学びます。

● 第6章　保育現場に役立つ実践——実践活動

　保育現場に役立つ実践活動の中から、子どもたちの身近にある"音"に焦点を当てた「音あそび」や、多様な素材を使った楽しい活動例、そして「手遊び」を紹介します。さらに、園庭や自然環境の中で活動している子どもたちが、五感で自然の事象を感じ取っている瞬間を表現した、音楽表現の原型ともいえる豊富な事例で、子どもの多様な音楽表現の世界を学びます。

　保育現場に役立つ簡易伴奏では、親しみやすい「子どものうた」のバリエーションに富んだ簡易伴奏の方法が、分かりやすく解説されています。これらの伴奏法を身につけることにより、保育者としての音楽表現の豊かさと伴奏技術の向上が音楽力として発揮されることが期待できます。

　保育者の音楽への知識と保育の力が示される音楽指導案によって、保育者自身の実力が発揮できると同時に、その力が子どもたちの活動の中に反映されます。このことを踏まえ、自らの「音楽力」と「保育力」の向上に取り組みましょう。そして、本書に掲載されている「子どものうた」の曲目リストは、保育の現場で現在、実践されている頻度の高い曲目です。これらの曲を身につけて実践すれば、その経験がきっと、保育者を目指す未来のみなさんの、力強い味方となることでしょう。

理論編

第1章　声の発達と健康・音声学の初歩

1節　幼児の声の発達

　人間は幼児期である4歳から6歳ごろまでに成人と同様の構音を習得すると言われています。音の違いを聞き分けて人間の声を言葉として処理する能力は、乳児においても高度に持ち合わせており、1歳になる前に母語の体系に応じた音声知覚の基礎を獲得していきます。男性の声よりも女性の声に反応しやすく、なかでも母親の声に耳を傾けると言われます。一方でそこに至る過程では個人差も大きいことも知られています。

　乳児では意味をもつ言葉を発するより前にもさまざまな発声行動があります。生まれたその瞬間から産声をあげ、不快や苦痛があれば叫喚音（泣き声）を発します。リラックスした状態では柔らかな非叫喚音を発します。生後2～3か月でのどの奥でクーとなるようなクーイングと呼ばれる音が聞かれます。これは発声と構音を結びつけるための呼吸のコントロールだと言われています。6か月ごろまでに喉頭の下降によって喉頭と鼻咽腔が離れ高い声、低い声、大きい声、小さい声などを出し分けることができるようになっていきます。6か月から8か月ごろになると、バババ、マンマンマなどの喃語が現れます。複数の音節をもち「子音（Consonant）＋母音（Vowel）」の構造（CV音節）があり、規準喃語と呼ばれます。しかし聴覚障害児では規準喃語は観察されず喃語の発声にも聴覚的フィードバックを必要とします。

　9か月から12か月になると「バブ」「バワ」などのように、反復される音節の子音や母音が異なりさまざまな子音や母音が聞かれます。喃語は母語とは無関係に発せられるという意見が多いですが、1歳になると母語の影響がみられるという報告もあります。

　構音習得の過程は個人差が大きく、完成時期だけでなく、音の出現頻度、特定の語音が現れる時期、安定する時期、順序などの経過もさまざまです。ほとんどの子どもは5～6歳ごろまでに正常の構音が可能になりますが、発達の経過、話しはじめる時期、多語文（3語より多い単語の文）になった時期、言語環境などによって異なり、正常範囲には幅が

あります。このことは教育の場においても、あらかじめ認識しておく必要があります。

　母音と子音の習得において、母音のほうが完成時期は早く、3歳ごろになると全母音の明瞭度は80%以上となり実用的なレベルに達すると言われます。しかし1、2歳では5つの母音を明確には出し分けられません。母音の獲得順序は「あ」→「い」「う」→「え」「お」の順と言われます。幼児期の声道（声を作るためののどの空間）の形態は成人とは異なるため、言葉の明瞭度が高くなっても音響的に成人とは同じではありません。音響的に同様になるのは9歳ごろとされています。

　子音は母音よりも完成時期は遅いと言われ、サ行、ラ行などの完成時期は4歳以降となります。一方早い時期に完成する傾向の音群と2歳ごろから徐々に完成していく音群があります。[p（ぱ）, b（ば）, m（ま）, t（た）, d（だ）, n（な）, k（か）, g（が）, w（わ）, tʃ（ちゃ）, dʒ（じゃ）] は早い段階で習得する子音です。

　[h（は）, ç（ひ, ひゃ）, φ（ふ, ふぁ*）, r（ら）, s（さ）, ʃ（しゃ）, ts（つ, つぁ*）, dz（ざ）] はその後に徐々に習得する子音とされます。習得の容易な音から早い段階で獲得していきます。両唇音 [p, b, m] 接近音 [j（や）] は3歳台までに出すことができます。軟口蓋破裂音 [k, g]、歯茎破裂音・鼻音 [t, d, n]、硬口蓋鼻音 [ɲ（に, にゃ）]、後部歯茎破裂音 [tʃ, dʒ]、声門摩擦音 [h]、硬口蓋摩擦音 [ç]、両唇摩擦音 [φ]、両唇近接音 [w] は4歳台までに [s, dz, ts, ɽ] の習得が最も遅く [ʃ] がこれに次ぎ、6歳を過ぎることもあります。それまでは、省略、置換、歪みなどの誤りがあります。正常の習得過程にみられる誤りは共通性のある置換、歪みであり、いわゆる幼児語として認識されます。

構音障害の分類

　発症機序による分類では以下の3つに分類されます。構音障害とは伝えたいことばがはっきりしているのに、ことばを作る器官やその動きに問題が生じて発音がうまくできない状態をいいます。

（1）器質性構音障害：構音器官そのものに病気ができた障害（Dysglossie）

---

* カッコ内は子音に対し /a（あ）/ の母音を例として記載していますが、日本語において [φ ふ]、[ts つ] は /a/ を母音とする音節は外来語にしか存在しません

（2）運動障害性構音障害：構音器官に司令を送る中枢神経の異常により起こる障害（Dys-arthria）

（3）機能性構音障害：構音器官には病気がない構音の誤り（Dyslalie）

　さらに発現時期による分類では先天性（生まれつきあるもの）と後天性（生まれてからなったもの）に分けられます。

（1）先天性器質性構音障害の代表的な疾患として口蓋裂（上顎や唇に裂け目がある病気）があります。出生時より構造上の障害があり、口蓋裂は見た目にもわかる場合は早い段階で手術が行われますが、粘膜下口蓋裂（裂け目が粘膜に覆われて見えなくなっている）、鼻咽腔閉鎖不全症（鼻の奥とのどが閉じない）は2～3歳ごろに言葉の問題で気づかれる場合もあります。後天性の器質性構音障害では舌がんなどの手術で舌や口腔内の一部を切除した後に起こります。

（2）運動障害性構音障害は神経疾患などが原因による運動系統の障害により正常な運動が行えなくなったものをいいます。脳梗塞、脳出血などの脳血管の病気、脳腫瘍、パーキンソン病などの神経の病気があります。

（3）機能性構音障害とは（1）（2）のように構造上の障害や運動障害を除いたものをいいます。子どもの構音障害の多くは語音を獲得する過程で生じる機能性構音障害ですので、一般的に幼児教育の場で問題となるのはこのカテゴリーになります。前述のように子どもは発達とともに母語の言語体系を獲得していきますが、さまざまな原因で言語の習得期に誤った音を学習してそれが習慣化すると構音障害となります。主に言語聴覚士が評価することが多く、小児科や耳鼻咽喉科で専門とする施設があったり、学校などの公共施設でも言語聴覚士による訓練が行われていたりしますので、このような疾患概念があることは理解しておく必要があります。

吃音（きつおん）

　発話が流暢（りゅうちょう）でない、非流暢性が主要な症状となる疾患です。早口症、音・単語・単語の一部の繰り返し、単語の引き伸ばし、発話の不規則な中断などがみられます。以前は

「どもり」といわれましたが、差別的な意味合いを含む言葉であるため、近年では吃音または吃音症といいます。2〜4歳ごろに20人に1人程度の割合で発症し、このうち4割が3歳以降に発症すると言われ、幼児期には稀な病気ではありませんが、成長とともに70％以上自然に回復するとされます。

　幼児期においては、発育段階での非流暢性と吃音を明確に鑑別できる基準はなく、特に単語の初めの音（語頭音）の繰り返しはよくみられ、この点においては吃音の症状と同じようにみえるのです。吃音かどうかを鑑別する方法としては、繰り返し、引き伸ばし、ブロックなどの「典型的な吃音症状」と語句の誤りと訂正といった「その他の非流暢性」の有無を確認し、時間経過にともなってそれらの出現頻度や症状がどのように変化するのかを確認することになります。現在のところ、吃音を鑑別するのに、MRIなどの画像診断や筋電図などの検査は有用でなく、診断のガイドラインがあるわけでもありません。正常かどうかは非流暢性がどの程度の頻度で現れたり、時間的経過とともに増加するかを観察して判断します。

　語句の繰り返し（「ぼ、ぼくは、ぼくは……」など）、言い誤りと訂正、挿入的発声（「あのー」「えーと」など）などは幼児期の成長過程には正常でもよくみられる症状です。これらの有無だけではなく、割合が時間経過とともにどのように変化していくかが鑑別には重要であり、減少していくのであれば正常の発達過程と判断されます。

　幼児教育で大切なことは吃音をからかうことをやめさせること、話すのに時間がかかることをとがめないこと、話し方に対して矯正させないことなどが重要とされます。

　幼少期の言葉の成長の問題は吃音を含めさまざまであり、教員や親向けの書物も多く出版されており参考になります。

2節　保育者の声の健康

保育者の声の健康

　声の診療は耳鼻咽喉科で相談できる専門分野の1つです。耳鼻咽喉科の外来では声帯

を喉頭ファイバースコープ（内視鏡）で直接確認し、声帯にポリープや炎症がないかを確認することができます。その点において声の異常を感じた場合はまず耳鼻咽喉科で声帯を確認してもらうことが大切です。

　しかし病気の状態によっては薬を飲んで、すぐに治るといったわかりやすい病気ばかりではありません。特に幼稚園教諭・保育士のように常に子どもたちと向き合い、ときに大きな声を長時間発しなければならない環境にある場合に声がなかなか治らないということはよく起こります。このように声を使い続けていることを「音声酷使」と言い、職業と密接に関わっています。音声酷使による代表的な疾患に声帯結節があります。声帯に慢性的な瘤（こぶ）のような隆起ができる疾患で教師・幼稚園教諭・保育士などの教職者に多いとされます。筆者の診療所の統計でも声帯結節患者の実に4割が教職関係者でした。音声酷使は慢性的に声帯の炎症を引き起こします。大きな声や長時間の発声により声帯にかかる負担が許容範囲を超えてしまい、声帯が充血し声帯粘膜の振動が悪くなりガラガラとした声になったり、高い声が出しにくくなったりします。このような疾患に対してのどのケアや発声方法を指導する治療方法を音声治療と言います。音声専門の病院や診療所において言語聴覚士が音声治療を行っている施設がありますが、しかし日本国内においてはまだまだその数は少ないのが現状です。

　音声治療の中で重要な方法に声の衛生指導があります。声の衛生とは声に対して負担がかかることを少なくし、声に対して良いことを奨励する指導を行い改善させる方法です。教職者に声帯結節症などの声のトラブルが多い原因は長時間声を出し続ける環境にあります。一般的に声帯に炎症を起こし声が悪くなったときは声を休める必要があり、大声や長時間の発声を避けることも大切な治療の1つとなります。しかし声のトラブルを抱えていても簡単に休めないことが往々にしてあります。この点が教職者の発声障害が多い最大の原因でもあります。保育所、幼稚園、学校の教育現場では担任制であることが多く休職をして代わりに働いてもらうことが簡単ではないからです。病気によって休みを取ることなどの環境調整は発声障害の治療にとても重要ですが、一方で職業性によってその責任があることや周囲の十分な理解が得られないなど、「声が悪いくらい」では休めないということが起こります。声は人と人とのコミュニケーションのツールであることを考えれば、声を悪くすることでコミュニケーションに悪影響が起こることがありえます。コミュニケーションをスムーズに取れることはモチベーションを保って仕事をすることにつながり

表 1-2-1　声を出すために必要な声帯の条件

（1）声門が適度に閉じていること
（2）肺からの呼気が声門を通過して流れること
（3）声帯に適度な緊張があること
（4）声帯粘膜が柔らかく、十分な粘性や弾性があること
（5）声帯粘膜が適度に濡れていること
（6）左右の声帯の形や性状が対称的であること

ます。そのため各自の限度を超えた声の使用には十分気を配らなければならないと言えます。また発声障害に対する配慮ができる職場環境作りが特に教職関係者には必要であると考えますが、教育関係者に声を悪くされる方が非常に多いことを考えると十分な職場環境を整えることは容易ではないこともうかがい知れます。

● 声のケアについて

　では、このような声にとって過酷な職場環境において何ができるのかを考える必要があります。声を出すために必要な声帯の条件があります（表1-2-1）。

　これら1つひとつをどのような状況であるか、その条件を満たさない状況を考えると、理解を深めることができます。

（1）声門が適度に閉じていること

　声門とはVの字型の声帯そのものを指します。声帯は声を出すときや飲み込むときに閉じ、息を吸い込むとき（吸気時）に開きますが、門が開いたり閉じたりするかのようです。声帯が閉じないで隙間が空いていると息が漏れ声（気息性嗄声）になります。逆に声帯が閉じすぎで息がスムーズに通らなければ詰まり声となり声を出すのに息を送るための力がいるようになります。

（2）肺からの呼気が声門を通過して流れること

　息を止めたままでは声を出すことはできません。これは肺からの気流が声帯を震わせる原動力になっているからで適切に空気が吐き出ていなければいけません。

　肺の疾患を抱えているなどの理由により肺活量が下がった状態など声門にかかる圧力が弱くなると、大きな声が出せないなどコントロールが困難になります。

（3）声帯に適度な緊張があること

　声帯に緊張がなく緩んでいる状況とはどのような状態でしょうか。低い声から高い声を出すためには声帯を引っ張る力（張力）が必要になります。「うー」と低いうなり声から高い裏声まで連続して出してみると高くなるに従ってのどに力がかかっていくのがわかります。声帯は楽器に置き換えるとリードの役割をしています（次章参照）。しかし弦になぞらえて考えてみても理解しやすい部分があります。ギターやバイオリンの弦のように声帯が緩めば低い音が出て、声帯が引っ張られて張力がかかると高い音が出ます。弦は緩みすぎると音が出ないのと同様に声帯の張力が緩みすぎると声になりません。

　一般的に高い声は声帯の張力を掛ける訓練によりある程度まで出せるようになりますが、低い声は構造的に緩みすぎると出なくなり、限界があるのはこのためです。

（4）声帯粘膜が柔らかく、十分な粘性や弾性があること

　声帯の粘膜は1秒間に100回程度からソプラノの歌唱など条件によっては1秒間に1000回以上の振動をします。このようにとても早く振動し声を出すためには声帯は柔らかくなければならないのです。

　声帯が炎症を起こすとその弾性は損なわれます。ゼリーのようにプルンとした性状のものは早い振動をすることができます。しかし水分が失われた状態や、焼けたものは硬くなり、乾いたクッキーのように柔らかく振動ができず、声が出なくなるというイメージです。

（5）声帯粘膜が適度に濡れていること

　（4）と関連しますが、水分が失われた状態では柔らかく振動することができません。口の中は常に唾液で濡れた状態になっています。人は1日に唾液を1〜1.5リットルほど意識せずに飲み込んでいると言われています。しかし、体の水分が失われると、唾液の分泌量が減ります。のどが渇き、泡沫状（泡のような）の唾液になります。声帯の表面は潤滑油を失ったギアのように振動が悪くなります。一般的に体に病気がなければ声のケアをするためには、十分すぎるくらいの水分を摂ること（唾液と同じ1日1.5リットル程度）が奨励されます。

（6）左右の声帯の形や性状が対称的であること

　病的な声帯では左右の対称性が失われます。声帯ポリープ、声帯結節、あるいは声帯の腫瘍などの病気では声帯の一部が隆起して声帯の振動を邪魔します。このためぴったりと声帯が閉じることができず隙間ができてしまい、息が漏れた声になります。

声の安静を保ち、十分なケアをしても改善しない状況では手術で治療しなければいけないことがあります。

教育者によくみられる声の病気と治療法

● 声帯結節

　音声酷使による声帯の病気で代表的な疾患であることは前述の通りです。声帯に多くの場合対称に隆起が起こり声帯の閉鎖が妨げられ息漏れ声になります（図 1-2-1）。

　この病気をもっている患者の 4 割が教育関係の職業に就いていることが調査によりわかっています。またその他に声帯結節が多い職業は歌手や舞台俳優、接客業等で、声を酷使する職業を想像するとよく当てはまります。

　特定の職業性と関連する疾患は職業病として厚生労働省がリストアップしています。「身体に過度の負担がかかる作業態様に起因する疾患」の項目に当てはまると考えられますが、声の疾患は具体的には記載はなくその他の項目にまとめられています。しかし教育者、歌唱者は声の病気についても職業病として認識して対策をしておくべきです。

　一般的には治療法は声を休めることとされます。休暇を取り、休息できる、あるいは筆談でも仕事ができる場合はそうするべきです。ところが医師から「黙っておきなさい」と指導され困ったという事例は大変多くあります。声を酷使する職業環境の場合、出勤する

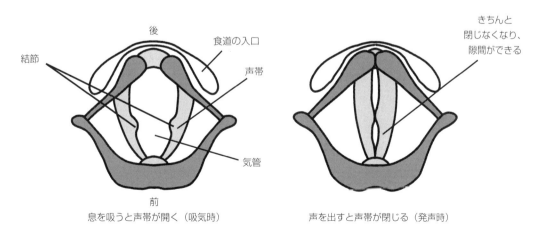

声帯結節は両側にできます。発声したとき、結節が邪魔してきちんと閉じなくなり、隙間ができます。

図 1-2-1　声帯結節

のであれば沈黙を守ることはほぼ不可能であり、沈黙療法自体が成り立たないからです。声の衛生管理をするうえで大切なのは声を出すか出さないかを極端に考えすぎないことが重要です。声の負担は、大きさ、話す量や長さ、喋り方や歌い方など声の出し方によります。そのように考えれば、「沈黙しない＝治らない」というのは極端であることが理解できます。少しだけ声の大きさを小さくし無理はせず、少しだけ話す量を短く、ひと息置いて優しく発声するということを、日頃からの心がけだけでも十分な声のケアになることもあります。

　前述の（4）（5）で述べた様に、十分な水分を摂取することはとても重要です。またネブライザーといって水を霧状にして噴霧する器具があります。薬剤を入れることができる器具も市販されています。1日に数回、声を使った後などに吸入する治療法も効果があります。

　声の出し方の訓練で治療する音声治療という方法もあります。これは音声診療の専門施設で言語聴覚士が担当することが多いです。声帯の負担はしゃべり方、発声方法に関連します。大きな声を出すときは肺から出る空気により声帯にかかる圧力（声門下圧）を高める必要があります。このとき声帯はより強く閉めることになります。たとえば叫び声のような大きな声を出そうとすると声帯は強く閉じ、のどが痛くなることもあります。しかし大きな声を出す方法がもう1つあります。声道の共鳴を使って発声効率を高めることです。優れた歌唱者の発声原理で、声楽家がマイクを使わずにホールに響く声を出せるのはそのためです。母音ごとに声道の形（口やのどが作る形状）が決まっていて声の高さや大きさのバランスが声道の固有振動数と一致したときに共鳴が増幅された響きのある声になります。響かせることから逆算して声帯の圧力を調整し効率的な発声法を目指すというやり方です。チューブ発声法やVocal Function Exercise（VFE）など音声治療に使う手技がありますが、発声の仕組みに従い、のどに無理な緊張がかからないように発声を促す方法になります。

　ここまでは保存的治療と呼ばれる直接声帯に手をかけない治療法でしたが、これで改善しない場合、次のステップは手術で外科的治療と言います。声のケアだけでは治らない場合や歌唱者の細かな悩みに対応する場合などに行われます。声帯の閉鎖が結節により物理的に妨げられている状態ですので、隆起した部分を切除し、形を整えて直線的にすれば声は改善します（前述（6）項）。音声治療などの保存的治療法で改善するのは全体の7割

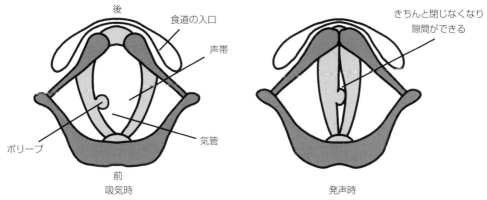

図 1-2-2　声帯ポリープ

程度であり残りの 3 割は手術を望むとの報告があります。

● 声帯ポリープ

　声帯ポリープは声帯結節とよく似た疾患であり、同じような意味合いで使われることもあります（図 1-2-2）。病理組織学（顕微鏡による細胞の検査）では同じものともされており、形態的に片側の声帯のみに突出した病変があれば声帯ポリープ、両側に比較的小さな隆起であれば声帯結節と診断されることが多いです。しかし形状によって治療法は異なってきます。声帯結節は慢性的な音声酷使が原因となることが多いですが、声帯ポリープは突発的な咳などでできることもあり、原因が特定されないことがあります。比較的大きな隆起があると声への影響は大きく、声の負荷を少なくするだけでは改善しないことも多く、積極的に手術をする場合がほとんどです。

● 声帯炎

　ウイルスや細菌の感染、一時的な使いすぎによる急性声帯炎と長期間にわたる音声酷使による慢性声帯炎があります（図 1-2-3）。急性声帯炎は風邪症状にともなうもので、いわゆるのど風邪であり、多くの場合 1 〜 2 週間の投薬や安静による治療で改善することが多いです。必要に応じて抗菌剤（抗生物質）やステロイド剤の服用がされます。また声帯炎が重症化すると偽膜性声帯炎と言われる炎症を起こした声帯にさらに膜が張ったような炎症を起こすものがあります。このような声帯炎では 1 か月程度回復に時間がかかる場合があります。

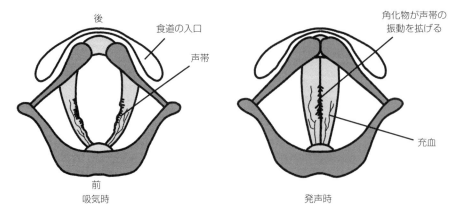

後　食道の入口　声帯　角化物が声帯の振動を拡げる

前
吸気時　　　　　　発声時　　充血

声帯炎では声帯が炎症によって充血します。偽膜性声帯炎とは声帯があたる部分に角化物によって膜が張ったように見え、振動がなくなって声が出なくなります。

図 1-2-3　声帯炎

　一方音声酷使によって慢性的に声帯が炎症を起こしている場合が慢性声帯炎です。声帯結節と発症原因は同様なので合併することもよくあります。声帯炎が強いものはそれだけ音声酷使がひどい場合が多く治療に時間がかかることが多いです。治療法は声帯結節と同様に声の衛生と消炎剤やステロイド剤などが必要に応じて使われます。

● その他の声の疾患

　前述の声の疾患は声帯そのものに炎症や隆起ができて声が悪くなるものでした。これを器質性発声障害と言います。器質性発声障害には声帯の麻痺などで動かなくなる運動障害によるものも含まれます。反回神経という声帯の動きをコントロールする神経がありこれがなんらかの理由で分断するなど神経麻痺を起こした状態です。甲状腺がん、肺がん、食道がんなどの悪性腫瘍、大動脈瘤、脳梗塞などがあります。

　器質性発声障害に対して、声帯には問題がなく、声の出し方に問題がある場合は機能性発声障害、心因的な問題によって声が出なくなるものを心因性発声障害と言います。機能性発声障害のなかには誘因なく声がつまったり、ふるえたりするものがあり、発声訓練にて改善するものもあれば、難治性のものもあります。稀ではありますが原因不明の発声障害のなかに痙攣性発声障害という声のつまり、ふるえ、とぎれを主な症状とする発声障害があります。日本では 20 〜 30 代の比較的若い女性に多いとされ、幼稚園教諭や保育士の職業者像と重なります。機能性発声障害との鑑別が難しく治りにくい病気ですが、近年

では注射や手術が開発されており診断ができれば治療が可能になってきています。

3節　音声学の初歩

　歌の教育を考えるうえで、声の発達を知ることは大切なことです。歌うためにはまず言葉を知らなければなりません。歌は言葉に音程と音の長さ（音価）、リズムが加わったものです。声の発育は言語の獲得から始まり、言葉の獲得なくしては歌を歌えません。この節では声と言葉はどのような仕組みでできあがっていくのかを学びましょう。

　人間は声に言語情報を乗せることによってさらに進化させ、文明的な活動ができるようになりました。これは二足歩行ができるようになったことが大きな要因です。二足歩行による進化で、手が使えるようになり、道具が使えることから火を使い、紙を発明し文字を使えるようになったと言われますが、それだけではありません。犬や猫など四つ足で移動する哺乳類と人間が決定的に違うのが声の音色を変化させて母音を出し分けることができることです。直立歩行により、喉頭の位置が下がり、口腔の位置と声帯が上下に分離したことで、咽頭腔が広がりその空間を利用して共鳴させることができるようになりました。実は人間でも生まれたての赤ちゃんの喉頭は高い位置にあり、乳児の口の中を観察すると喉頭蓋を確認できます。乳児がしゃべることができないのは、言葉を覚えていないだけでなく、原理的に「アイウエオ」の5つの母音を出し分けることが難しいのです。

　さらに唇、歯、歯茎、硬口蓋、軟口蓋、舌などを使って声道に狭い場所を作り、雑音を付け加えることによって子音を付け足すことを身につけました（図1-3-1）。そのできあがった「声」に意味づけがされ「言葉」となり、人間同士が会話をしてコミュニケーションの手段として生活に必要な情報や感情表現

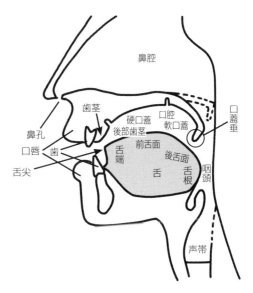

図 1-3-1　構音器官（竹林・斎藤, 1982 をもとに作成）

が可能になったのです。歌はその進化の集大成とも言えます。美しい歌声で歌えるようになるためにはしゃべり言葉だけではできませんし、声の音程が正確なだけも良い歌とは言えません。機械が出す人工的な正確なピッチの音が素晴らしい音色と言えないように、歌声とは言葉が音色の響きや旋律と合わさることによって、人間の喜怒哀楽といった感情を動かすための芸術として進化したきわめて文化的な行為であると言えます。

　さて人間が声を出す原理は楽器として考えるとイメージがわかりやすいと思います。特に管楽器の経験がある方にはわかりやすいのですが、管楽器の構造は人間の「息」を吹き込むことによってリードを振動させ、その振動音を管腔構造のボディに共鳴させることにより、楽器本来の美しい音色へと変化させています。木管楽器でも金管楽器でも基本的にこの構造は同じで、リードが木管楽器では葦などで作られた人工物であるか、金管楽器では人体の一部である唇であるかの違いです。そのような理由から、人間の声の仕組みを考えるうえで管楽器の仕組みとして考えるとわかりやすいと思います。「息」「リード」「ボディ」がそれぞれ「呼吸」「声帯振動」「口腔咽頭の共鳴（構音）」に原理的に一致します。このことを踏まえて原理を説明していきます。

呼　吸

　歌手が歌を学ぶときに「息」が大切なことを教えられることが多く、また優れた歌い手はそれを感じています。歌声を操るためには「息」をコントロールすることが必要になります。なぜなら「息」が声の源であるからです。人間を含め地上で生活するすべての哺乳類は、左右一対の肺を持っていて、空気を吸い込み、「息」を吐き出して生活しています。生命の活動に必要な酸素を肺内で血中の二酸化炭素と交換し血液に取り込み、心臓から体中に酸素を送り届けるシステムであることはよく知られています。息は肺から出て、のどを通り、口や鼻から出てくるというのは感覚としても感じることができると思います。

　生理学的には呼吸とは生命活動に必要な酸素を取り込むためのシステムですが、進化によってこの取り込んだ空気の流れを音に変換するシステムになったものが「声」です。ウグイスに代表されるような鳥の鳴き声、犬や猫の鳴き声もすべて呼吸による息を空気の振動による音に変えるシステムへと進化した結果生まれてきたものです。

　さて、呼吸は生命維持装置であるため、呼吸は本能的に意識することなく稼働していま

34

す。起きているときも、寝ているときも、呼吸を意識しなくても肺は活動しています。これは心臓が死ぬまで動き続けていることと同じですが、心臓は心筋という不随意筋（自分の意思では動かせない筋肉）でできています。一方で呼吸は横隔膜という胸とお腹を分ける筋肉が中心的な役割ですが、骨格筋という随意筋（自分の意思で動かせる筋肉）であるため、意識的にコントロールすることができます。

　肺は左右12対の肋骨からできる胸郭に取り囲まれています。胸郭は鳥籠のような形をしていて、肺を外部から守っています。肺の底部に横隔膜があり、膜という言葉が使われていますが、強靭な筋肉によってできています。横隔膜が緩んで作動していないときは筋肉の真ん中の部分（横隔膜中心）を頂点にしたお椀を反転させたような構造をしています。筋肉が緊張し作動すると横隔膜中心が下方に降りて胸郭内の空間を広げ、肺が広がるように作用します。肺が広がると内部は圧力が下がり、空気が気管を通じて入ってきます。また肋骨の間に内肋間筋、外肋間筋という筋肉があり、肋骨の間を狭くしたり広げたりします。肋骨の間が狭くなれば空気が出て行き、広がれば空気が入ってきます。このように息を吸い込む筋肉を吸気筋といい、反対に息を吐き出すための筋肉を呼気筋といいます。胸郭の上方（頭側）には鎖骨があり、頚部の筋肉と連結しています。胸郭の上方や鎖骨とつながる筋肉は、胸郭を引き上げて胸腔内を広げるように作用する吸気筋です。全力で走ったり、階段を駆け上がったりすると体中の筋肉が作動し多くの酸素が必要になります。するとできるだけ胸郭を広げて空気を吸い込むように体が働きます。横隔膜や外肋間筋でも間に合わないほどに酸素が必要になり、肩で息をしている状態です。胸鎖乳突筋、前斜角筋、中斜角筋、後斜角筋といった頚部（首の部分）にある筋肉が作動している状態で、これらの筋肉は吸気時の呼吸補助筋と呼ばれます。

　一方、呼気のために作動する外肋間筋以外にも呼吸補助筋があります。歌うときに呼気を安定させるために使われるのが腹筋群です。腹直筋、内腹斜筋、外腹斜筋、腹横筋といった胸郭の下方にあり骨盤とつながっている筋肉です。一般的には腹式呼吸は吸気の呼吸補助筋を使わずに腹部のみを動かす呼吸法と言えます。胸郭を広げるために胸郭上方にある筋肉を使いすぎると声帯がある喉頭をコントロールする筋肉に力が入ることになります。そのため頚部の筋肉に力が入りすぎると声帯が強く締まり、声帯の負担が大きくなりスムーズな発声にならないことがあるからです。一方で呼気の呼吸補助筋である腹筋群は骨盤底を支える筋肉とともに働くことにより腹腔に圧力をかけ、横隔膜を押し上げるよう

に作用するため、安定した呼気が得られ、歌唱発声には不可欠な役割をもっています。

声帯の運動

　声帯は気管から出た息を受けて空気の振動に変換する大切な役割をもった器官です。前述のように管楽器に置き換えてみると、リードと全く同じ役割をしています。リードとは木管楽器の装置で息を当てることにより振動して音に変換するものです。木管楽器のリードと違うのは声帯そのものに張力を加えることができるため、緩めたり引き伸ばしたり、強く閉めたり弱く閉めたりといったコントロールが可能であるということです。その点ではトランペットやホルンなどの金管楽器の構造がより近いといえます。生体の一部である唇がリードの役割をしているため、アンブシュア（管楽器を吹くときの口の形）によって口唇にかかる力を調節し、出したい音に対して人体が調節できるという点で共通しています。

　声帯は喉頭という器官の一部です。呼吸が酸素を取り込むことが本来の役割であったように、声帯のもともとの原始的な役割は実は声を出すことではありません。食べるための生命維持装置の１つです。声帯はＶの字型をしており、開いたり閉じたりする器官ですが、食事をするときに気管に食べ物や飲み物が入らないようにしっかりと締まり、食道に流れていくように交通整理をするためにできた器官です。声帯が機能しなくなると声が出なくなるだけでなく、気管の中に食べ物が入ってしまいます。これを誤嚥といい、高齢者で体力が低下した人に起こりやすく、誤嚥性肺炎という命に関わる疾患を引き起こすのです。

　声帯の土台は３つの軟骨でできています。甲状軟骨・輪状軟骨・披裂軟骨です。これらの軟骨には互いに関節で組み合わさっており、筋肉によって声帯が閉まったり開いたり、伸びたり縮んだりという柔軟な動きをします。声帯の土台である甲状披裂筋は甲状軟骨と披

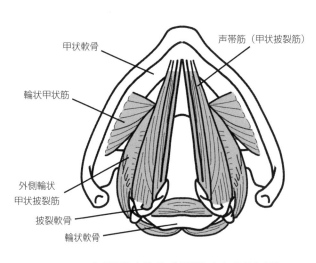

甲状軟骨
声帯筋（甲状披裂筋）
輪状甲状筋
外側輪状甲状披裂筋
披裂軟骨
輪状軟骨

図 1-3-2　内喉頭筋と軟骨（喉頭を上から見た図）

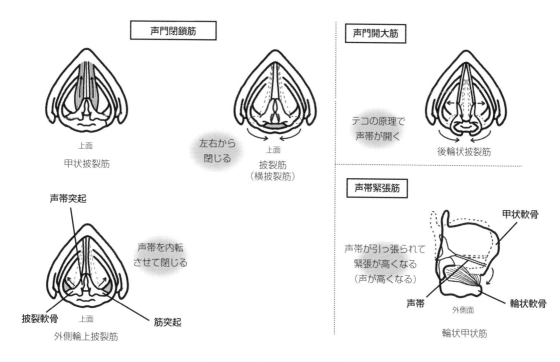

図 1-3-3　内喉頭筋と運動

裂軟骨を連結する形になっています。披裂軟骨と輪状軟骨を連結する筋肉は外側輪状披裂筋および後輪状披裂筋です。左右の披裂軟骨を互いに連結する披裂筋とともに披裂軟骨を動かすために重要な筋肉です。輪状甲状筋は甲状軟骨と輪状軟骨の間にあり、この筋肉が作動することにより、テコの原理で声帯が後ろに引っ張られ声帯が伸展する働きをします。声帯を前後に引っ張ることによって高い声が出るように調節するための筋肉です。

　声帯を動かすための筋肉には 5 つの筋肉があります。甲状披裂筋、外側輪状披裂筋、披裂筋、輪状甲状筋、後輪状披裂筋です（図 1-3-2、図 1-3-3）。

　甲状披裂筋、外側輪状披裂筋、披裂筋、輪状甲状筋はすべて声帯を閉じるための運動をします。唯一、後輪状披裂筋のみが声帯を開くために作動する筋肉です。大部分の筋肉が声帯を閉じるために作動するのは、食べ物が絶対に気管の中に入らないように強く閉鎖する必要があるためです。強く閉鎖せずに食べ物が気管に入ってしまえば誤嚥性肺炎を起こすことになります。しかし歌を歌うときは強く閉まりすぎると、かえって良い発声になりません。もともと声帯は閉めるために発達していますので筋肉も閉まる働きのものがほとんどです。頑張って声を出そうとすると多くの場合のどが締まりすぎるのです。ちょうど

良いバランスで声帯を振動させるためには締まりすぎないようにするコントロールが重要になります。このように本能的に発達してきた器官を芸術のために意識的な調節をするには繰り返し訓練をして体に覚えさせることが必要です。

● 声帯の振動

　声帯は甲状披裂筋を取り巻くようにして粘膜固有層という柔らかくよく振動する構造物とその上に薄い粘膜が覆ってできています。食べ物を気管に入らないように防御する仕組みを柔らかな振動しやすい構造物に覆われていることによって、とても速い振動が可能になっていて声を作り出すことができます。

　一般的な男性のしゃべり声の高さ（話声位）は100Hz前後、女性の声は200Hz前後です。「Hz」とは音の高さの単位でヘルツと読み、1秒間に振動する回数（周波数）の単位です。周波数が増えるほど高い音として認識されます。オーケストラにおいて楽器のチューニングでは、コンサートマスターが演奏の前に基準の音を出しますが、440Hz前後のA（ラ）の音を用います。この基準の440HzのAの音に合わせた音を出すということは弦楽器の弦や管楽器のリードが1秒間に440回振動しているということになります。生まれたばかりの赤ちゃんの産声の高さが大体440Hz付近であるとも言われています。

　人間の声は訓練をするともっと高い声を出すことができます。1オクターブ高さが上がると周波数は倍になります。つまり220Hzは440Hzより1オクターブ低いAの音、880Hzは1オクターブ高いAの音になります。ソプラノ歌手が出すHigh Cの音は約1000Hzです。モーツァルトのオペラ「魔笛」に登場する「夜の女王のアリア」はコロラトゥーラの有名なアリアですが、この中の最高音はHigh Fとなり、約1400Hzにもなります。声帯はこのように非常に速い振動をすることができるような構造をしています。

口腔咽頭の共鳴

● 母音と子音

　言葉は日本語や英語などの言語の違いにかかわらず、必ず「子音（Consonant）＋母（Vowel）」の構造により成り立っています（CV音節）。子音とは唇、歯、歯茎、口蓋と舌などを使って狭めを作ったり、舌を弾いたりして発する音で、音響学的には周期性のない

雑音成分です。一方母音とは声帯で作られる周期性をもった空気の振動が咽頭や口腔内で共鳴して妨げられることなく発される音です。

　たとえば「おはようございます」はローマ字で表記すると

o ha yo u go za i ma su

　と分解することができますが、下線の部分が母音であり、先行するｈｙｇｚｍｓといった子音がともないます。発音記号で表記すると

/o ha jo ɯ go za i ma sɯ/

　となります。日本語では仮名という子音と母音が一対になった音節文字をもちます。これは日本語独特の言語体系であり、子音と母音の概念がわかりにくくなる原因でもあります。世界の言語では子音と母音の文字が分けられている場合が多く子音が続いたり、子音で終わる言葉があったりします。

　国際音声記号（International Phonetic Alphabet ; IPA）は世界中の言語の子音と母音を分類して発音を記号化できるようにしたシステムとして広く用いられています（表1-3-1）。

● 母音の仕組み

　日本語では「アイウエオ」の5つの母音があります。

　母音とは息の通り道を閉鎖したり、狭くしたりすることなく声帯で作られた振動を声道に共鳴させて連続的に出し続けられる音を言います。舌、歯、唇または声門で閉鎖させたり狭くすることによる破裂音や摩擦音が子音でしたが、音節を伸ばして発生するときに子音に引き続き一定時間伸ばせる音が母音となります。

　たとえばア段の「あ・か・さ・た・な・は・ま・や・ら・わ」、濁音では「が・ざ・だ・ば」いずれもその語を伸ばして発音すると「ア」になります。

　イ段ウ段エ段オ段でも同じことになります。声楽の歌唱練習などで母音のみを抜き出して歌うことがありますが、音の高さ、強さ、長さ、響きという要素は母音によって決まるため、子音をすべて取り去っても歌の旋律として成り立ち、響き方を訓練する基礎的な方

法として有効だからです。

　では、「ア」というときに、口を開けますか？　閉じますか？　おそらく口を開いて出すのではないでしょうか。「イ」は口を開いては出さないですね。

　下顎の開閉を意識すると、「イ」「ウ」は顎を閉じたまま発音しています。「エ」「オ」は下顎を少し開く、「ア」はそれよりも大きく開いているのではないでしょうか。「ア」→「エ」→「イ」と発音すると徐々に下顎が閉じていくのがわかります。同様に「ア」→「オ」→「ウ」と発音しても下顎が閉じていきます。下顎の位置で見ると「ア」は低い位置（顎を開いている）、「エ」「オ」は中間、「イ」「ウ」は高い位置（顎を閉じる）にあります。音声学では「ア」を低母音、「エ」「オ」を中母音、「イ」「ウ」を高母音という言い方もします。

　次に同じ高母音の「イ」と「ウ」を連続して出してみます。舌先の位置を意識してみると、舌先が「イ」では前に出て「ウ」では後ろに後退しているのが感じられるのではないでしょうか。ストローなどの棒状のものをくわえて発音するとよくわかります。中母音の「エ」と「オ」でも同じことをすると舌先は「エ」が前、「オ」が後ろだとわかります。低母音である「ア」も舌先は後ろにあります。よって「イ」「エ」は前舌母音、「ア」「ウ」「オ」は後舌母音と呼ばれます。これらを図式化にすると図 1-3-4 のようになります。MRI（核磁気共鳴画像法）などを使って母音の発声しているところを画像で捉えると、舌の位置がそれぞれ異なります。「ア」は口の前方の空間が広く、咽頭は狭くなっています。つまり舌は後ろ後退していてのどの奥の空間は狭くなっています。「オ」「ウ」は口の開きが小さくなっていくに従い、のどの奥の空間は広くなっていることがわかります。「い」と「う」では舌の先端の部分の空間に違いがあり、舌の盛り上がりの部分が「い」のほうが前方に出ているのがわかります。「エ」と「オ」でも同じことが言えます。舌の前方の空間は前舌母音では狭くなり、後舌母音では広くなります。

　母音を聞き分けることができるのは、舌の位置が変化することにより声道（声帯から口までののどの形状）が変化して音の響き方が変わるためです。強く共鳴する音の高さの成分（周波数成分）が変化しそれが耳で認識され、母音を聞き分けています。音響分析装置を使うと音の周波数成分を解析することができ、その解析した図をサウンドスペクトログラムといいます。解析した周波数成分から何の母音を出しているかを推測することもできます。強く共鳴する周波数をフォルマント周波数（formant frequency）と言い、低音から

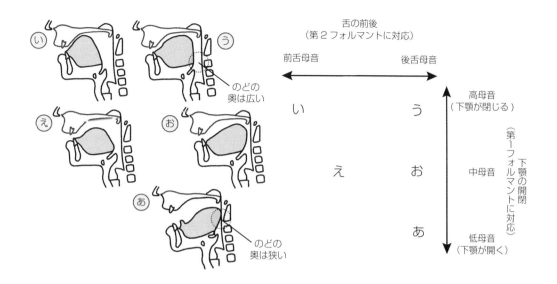

図 1-3-4　日本語 5 母音と舌の位置

順に第 1 フォルマント、第 2 フォルマント、第 3 フォルマント、第 4 フォルマント、と呼びます。

　下顎の開きが第 1 フォルマントに対応していて、下顎を開けるほど第 1 フォルマントが高くなります。下顎を開けるとのどの奥（舌根部の空間）が狭くなりますが、この場所で作られるのが第 1 フォルマントで、狭い場所に共鳴する音は周波数が高い音になります。逆に下顎を閉じるとのどの奥は広がり、第 1 フォルマントは低い周波数になります。下顎の開いていくと母音は「ウ」→「オ」→「ア」、「イ」→「エ」→「ア」と変化します。第 1 フォルマントは「ア」が一番高くなります。

　前舌母音「イ」と「エ」、後舌母音「ウ」「オ」「ア」を交互に、「いういう」「えおえお」と連続で発音すると、舌が前後するのを感じられたと思います。舌が前にあるということは口腔内の前方の空間は狭くなり、舌を後方に引けば口腔内前方の空間は広くなります。これが第 2 フォルマントに対応しています。このように第 1 フォルマントと第 2 フォルマントの組み合わせによって母音の判別をしています。

　日本語では 5 母音ですが、英語では単母音に加え、二重母音、R 音性母音があるため、母音の数が増えます。二重母音は ai や ei、R 音声母音は chart や hurt のように 1 つの音節の中に異なる母音の音色が混ざっているものをいいます。単母音に限れば ア a, ɑ, ʌ, æ イ i

ウ ʊ エ ɛ, e, ɘ オ ɤ のように日本語の 5 母音に近い音に分類されます。

● 子音の仕組み

　子音は口唇、歯、歯茎、硬口蓋、軟口蓋、喉頭など口腔やのどのいずれかの場所で、主に舌を使って摩擦や弾いて「雑音」を作ります（図 1-3-1 参照）。雑音成分ができる場所を構音点（調音点）その方法を構音法（調音法）と言います。

　具体的に感じてみましょう。構音点が口唇の音を説明します。口唇は声道の一番前方です。口唇を構音点とする子音は [p][b] [φ][m][w] です。母音を「ア」として日本語で記載すると「ぱ」「ば」「ふぁ」「ま」「わ」となります。さらに英語の発音では [f][v] があります。「ぱ」「ば」は閉じた上下両方の唇（両唇）を破裂させるように同時に [a] と発音することによって /pa/「ぱ」/ba/「ば」という音になります。[p] のように発音の瞬間に声帯が鳴っていない子音を無声子音、[b] のように声帯が鳴っている子音を有声子音と言います。まとめると、[p] は無声両唇破裂音となり、[b] は有声両唇破裂音となります。口唇が構音点になる音は英語では [f][v] がありますが、日本語にはない音です。英語を初めて習うときに唇を歯で噛んで発音すると習ったと思います。唇と歯を使って摩擦を作っています。構音法は摩擦音であり専門的には [f] が無声唇歯摩擦音、[v] が有声唇歯摩擦音と言います。

　[m] は唇を完全に閉じたまま、鼻から息を抜いて発音しています。これを鼻音といって、ハミングと同じ原理になります。子音の部分を強調するには「ん」をつけてンマンマと発音すると理解しやすいでしょう。/ma/ 以外にも mi mu me mo でも同じように発音してみてください。

　「が・ざ・だ・ば」など濁点のつく音は日本語では濁音といいます。口唇を閉じたまま「うー」と言うと「ぶー」という音になると思います。そのまま「ぱ」と「ば」を言えますか？「うーぱ」は一瞬音が途切れ、「うーば」では途切れなく発音できるのではないでしょうか。「ぱ」の音では声帯の音が鳴っていない瞬間があり、「ば」の音は発音の瞬間も声帯の音が鳴っています。

　/pa/ は無声子音、/ba/ は有声子音と説明しましたが、無声子音を清音、有声子音を濁音と言います。同じ構音点の無声子音と有声子音は以下の関連があります。

ガ行 [g] - カ行 [k]　　ザ行 [z] - サ行 [s]

表 1-3-1　IPA（国際音声記号）

	両唇音	唇歯音	歯茎音	後部歯茎音	後部歯茎音	そり舌音	硬口蓋音	軟口蓋音	口蓋垂音	咽頭音	声門音
破裂音	p　b		t　d			ʈ　ɖ	c　ɟ	k　g	q　ɢ		ʔ
鼻音	m	ɱ	n			ɳ	ɲ	ŋ	ɴ		
ふるえ音	ʙ		r						ʀ		
たたき音 あるいは はじき音			ɾ			ɽ					
摩擦音	ɸ　β	f　v	θ　ð	s　z	ʃ　ʒ	ʂ　ʐ	ç　ʝ	x　ɣ	χ　ʁ	ħ　ʕ	h　ɦ
側面摩擦音			ɬ　ɮ								
接近音		ʋ	ɹ			ɻ	j	ɰ			
側面接近音			l			ɭ	ʎ	ʟ			

記号が対になっている場合、右側の記号は有声子音である。網かけの部分は調音不能と考えられる。

ダ行 [d] - タ行 [t]　　　バ行 [b] - パ行 [p]

　パ行は日本語では特殊な位置付けとなり半濁音と呼ばれますが、無声子音であり、清音の仲間です。ここでバ行の清音はハ行ではないのかという疑問が生まれます。日本語の特殊性があり、ハ行は「ふ」を除き声門摩擦音となります。寒い日に手を温めるのに「ハッハッ」とする音をイメージするとわかりやすいでしょう。つまり声門を通過する摩擦音が子音となっており、ハ行とバ行は構音点が異なるまったく違った子音ということになります。

　またハ行「ふ」の子音は構音点の違いは、表記にも表れます。ローマ字表記でハ行は ha hi fu he ho となります。「ふ」を発音記号では /ɸu/ となります。このように日本語の50音には同じ行であっても例外的な発音をするものが他にもあります。サ行の「し」sa shi su se so、タ行の「ち」「つ」ta chi tsu te to は他の音と構音点が異なります。構音点を感じながら他の子音についても発音してみてください。

　また子音についてはこの他にも拗音（きゃ、しゃ、ちゃなど）撥音（つまる音、さっき・こっちなど小さな「つ」で表される音）などがあります。

　音声学は言語や文化とも密接に関連してきますのでとても奥深い分野ですのでここで述べたことは音声学のわずかな部分にすぎません。もっと詳しく勉強したい方は音声学・言語学の清書を参考にしてください。

楽器としての体と心の成長

　人は生まれてから乳児、幼児、学童、青年、成人と誰しもが順番に成長して年齢を重ねていきます。声を聞くだけで、赤ちゃん、幼児、小学校低学年くらい、高学年くらい、声変わりを経て青年、壮年、老年、また男の人、女の人などある程度判断できるはずです。声は「聴覚の顔（auditory face)」とも表現され、年齢、体格、性別などによって声を出すための構造が少しずつ違い、人それぞれ声が特徴付けられるためです。

　音楽の世界では弦楽器、管楽器、打楽器などさまざまな楽器が使われますが、楽器によって音色が違います。弦楽器やピアノでは弦の振動を、管楽器ではリードの振動をボディに共鳴させて大きな音が鳴るように設計をされています。弦楽器ではバイオリン、ヴィオラ、チェロ、コントラバスと同じ種類の楽器でも大きさが違います。同じように管楽器であるサックスにもソプラノ、アルト、テナー、バリトンの分類がありそれぞれに得意な音域があります。低い音を得意とする楽器はサイズが大きくなりますが、共鳴腔であるボディが大きければ低い周波数帯が増幅されるという原理によります。それぞれボディのサイズを変えることにより音色が一番美しく共鳴する音域を変えています。

　さて人体も楽器のように大人と子ども、男性と女性では発声した声が違うのは楽器としての構造の違いであるからです。子どもは声帯のサイズやのどから口にいたる通路（声道）がもともと細く短いため、簡単に高い声を出すことができます。逆に低い音は広くて長い声道が必要になるため子どもに大人の声は出せません。高い音は声帯を引っ張るように調整し、声道を細く狭くするコントロールをすることである程度まで訓練によって出せるようになりますが、低い音を出すのは構造的な限界があります。プロの声優は大人が声を調節することによって子どものように聞こえる声を出せますが、逆に子どもがいくら声真似をしても特に男性の大人の声を真似て出すことはできないのです。

　子どもは成長とともに楽器である自分の体そのものが変化し大きくなっていきます。特に小学校高学年頃から中学生、高校生の成長期の体は著しく変化します。男性は男性ホルモンの分泌量が多くなる影響で短期間のうちに声帯が大きくなりのど仏が出てきて低い男声へと声変わ

りします。女性の場合でも骨格が大きくなるにつれて男性ほど劇的ではありませんが、大人の声へと変化します。またこの期間の体の成長はホルモンバランスも急激に変化するため心の変化が起こる時期でもあります。楽器の演奏は人工的に作られた楽器を操作して行うものですが、歌は自分自身の体が楽器となり音色を出すわけですから、体調や心理的に問題があると音色そのものが影響をまともに受けてしまいます。そのため過度な負担にならないようにケアをしながら歌うということも大切なことです。

　将来歌手や舞台芸術家を目指す子どもにおいても、大人になって安定した楽器になるまでの小児期は、稽古をして技術を磨くことはもちろん大切なことなのですが、体がまだ成長していない時期に過度な負担をかけすぎないようにすることも大切ではないかと考えます。より豊かな感情表現ができるように、子どものうちにたくさんの音楽に触れ、友だちと遊び、体を動かすことは身体感覚を磨き優れた音楽性を育てることにつながるのではないかと思います。つまり親や教育者は人間の体は常に変化をする楽器であるということを念頭に置いて、子どものうちから早熟な歌い手になるように焦らせることなく、子どもらしくよく遊ぶことも長く芸術を表現できるための情操教育につながるという考え方も必要ではないでしょうか。

人間の体は成長する楽器

保育における音楽表現の基礎

1節 『幼稚園教育要領』『保育所保育指針』『幼保連携型認定こども園教育・保育要領』について

　日本には幼稚園教育において、教育の方向性やその水準を一定に確保し、教育の機会均等を保障するために、『幼稚園教育要領』があります。また、保育所の保育においては、保育内容等の基本事項を定めた、『保育所保育指針』があります。さらに「子ども・子育て支援制度」の一環として設立された、幼保連携型認定こども園での教育・保育の内容等を定めた、『幼保連携型認定こども園教育・保育要領』があります。これらの内容を保育者が幼児教育において実現するためには、これらの要領・指針を必須の知識として理解を深めておくことが必要です。

　本章では、保育者の立場よりこれらの理解を進めるため、その概要から改訂の流れ、そして内容へと解説を進め、子どもの音楽表現につながる道筋を学びます。

『幼稚園教育要領』『保育所保育指針』 『幼保連携型認定こども園教育・保育要領』 の法的な意味

　『幼稚園教育要領』は、**学校教育法施行規則**の規定を根拠に定められています。学校教育法施行規則第38条は次のように示されています。

> **学校教育法施行規則　第38条**
> 　幼稚園の教育課程その他の保育内容については、この章に定めるもののほか、教育課程その他の保育内容の基準として文部科学大臣が別に公示する幼稚園教育要領によるものとする。

　『保育所保育指針』は、**児童福祉施設最低基準第35条**の規定により定められています。

児童福祉施設最低基準とは、国家が保障する児童福祉施設における守るべき最低基準のことを指します。

児童福祉施設最低基準 第35条

　保育所における保育は、養護及び教育を一体的に行うことをその特性とし、その内容については、厚生労働大臣が定める指針に従う。

『幼保連携型認定こども園教育・保育要領』は**就学前の子どもに関する教育・保育等の総合的な提供の推進に関する法律（抄）第十条第一項**の規定により定められています。

保育等の総合的な提供の推進に関する法律（抄）第十条第一項

　幼保連携型認定こども園の教育課程その他の教育及び保育の内容に関する事項は、第二条第七項に規定する目的及び前条に規定する目標に従い、主務大臣が定める。

『幼稚園教育要領』『保育所保育指針』『幼保連携型認定こども園教育・保育要領』は、いずれも法的基準としての特徴を有しています。その意味するところは、一人一人の子どもの人権と成長を守るための大切な要素を含んでいることです。これらのことを基本的に踏まえ、保育者としての専門性を身につけましょう。

『幼稚園教育要領』『保育所保育指針』
『幼保連携型認定こども園教育・保育要領』の改訂

● 改訂の歩み

　昭和22（1947）年、幼稚園が学校教育法に位置づけされて、その歩みは始まりました。翌年、昭和23（1948）年、総合的な幼児期の発達に即した保育が、日本の幼児全体に対して行われることを願い『保育要領──幼児教育の手引き』が、幼児教育内容調査委員会によって公刊されました（阿部, 1989）。昭和31（1956）年、小学校教育との一貫性、幼稚園教育目標のねらいとしての具体化、指導上の留意点の明確化による6領域（①健康、②社会、③自然、④言語、⑤音楽リズム、⑥絵画製作）のねらいが示された最初の『幼稚園

教育要領』が告示されました。その後、幼稚園教育の独自性、すなわち、幼児にふさわしい環境および生活経験に即した総合的な指導を行う改訂や、さらに、社会状況の変化に対応した幼稚園教育内容や方法の改善についての検討が重ねられ、昭和39（1964）年、平成元（1989）年、平成10（1998）年、平成20（2008）年に改訂が行われました（花原, 2009）。そして平成29（2017）年3月31日、**文部科学省**より第5回目の改訂による『幼稚園教育要領』が告示されました。

　同じように、保育所の保育については、保育の内容に関する事項及びこれに関連する運営に関する事項の基準・基本事項を定めた「児童福祉施設の設備及び運営に関する基準」に基づく『保育所保育指針』があります。昭和40（1965）年に策定され、平成2（1990）年、平成11（1999）年、平成20（2008）年と3回の改訂が行われています。そして、平成29（2017）年3月31日、**厚生労働省**より第4回目の改訂による『保育所保育指針』が告示されました。

　『幼保連携型認定こども園教育・保育要領』では、「就学前の子どもに関する教育、保育等の総合的な提供の推進に関する法律」（平成18年法律第77号。以下「認定こども園法」という）に基づき、就学前の子どもの教育課程や保育に関わる内容に関する事項が示されています。平成26（2014）年、**内閣府・文部科学省・厚生労働省**から告示され、平成29（2017）年3月31日、『幼保連携型認定こども園教育・保育要領』が告示されました（別府, 2009）。

　このようにして新しく改訂を積み重ねながら、子どもの教育および施設についての守るべき基礎的水準が明示され、教育の機会均等が国により明確に保証されています。これら保育に関わる方針は、保育者の基本的な知識として理解していることが必要です。

　次に、平成29年3月31日に改訂を行い、平成30（2018）年3月から実施された『幼稚園教育要領』の改訂の経緯や概要及びその基本的な考え方について述べていきます。

「幼稚園教育要領」の改訂について

　改訂は、平成26（2014）年11月20日に、文部科学大臣から中央教育審議会へ「子どもたちが成人して社会で活躍する頃には厳しい挑戦の時代を迎えていることが予測されるなかで、一人一人の多様性を原動力とし、新たな価値と可能性をよりいっそう伸ばし、新しい時代を生きるうえで必要な資質・能力を確実に育んでいくことをめざし、初等中等教

育における教育課程の新たな基準等の在り方について」という諮問[**]が行われました。

　中央教育審議会はこの文部科学大臣からの諮問を受け、平成 28（2016）年 12 月 21 日に「幼稚園、小学校、中学校、高等学校及び特別支援学校の学習指導要領の改善及び必要な方策等について」と題した答申を示しました。

改訂の基本方針

　改訂の理念[***]は「**社会に開かれた教育課程**」の実現を目指し「よりよい学校教育を通じてよりよい社会を創る」という目標を学校と社会が共有し、連携・協働しながら、新しい時代に求められる資質・能力を子どもたちが育む「**社会に開かれた教育課程**」の実現を目指しています。さらに学習指導要領については、学校、家庭、地域の関係者が幅広く共有し活用できる「**学びの地図**」としての役割が求められ、次の 6 点にわたってその枠組みを改善するとともに、各学校において教育課程を軸に学校教育の改善・充実の好循環を生み出す「**カリキュラム・マネジメント**」の実現を目指す等のことが求められました。

① 「何ができるようになるか」（育成を目指す資質・能力）

② 「何を学ぶか」（教科等を学ぶ意義と、教科等間・学校段階間のつながりを踏まえた教育課程の編成）

③ 「どのように学ぶか」（各教科等の指導計画の作成と実施、学習・指導の改善・充実）

④ 「子供一人一人の発達をどのように支援するか」（子どもの発達を踏まえた指導）

⑤ 「何が身に付いたか」（学習評価の充実）

⑥ 「実施するために何が必要か」（学習指導要領等の理念を実現するために必要な方策等）

平成 29 年告示『幼稚園教育要領』改訂の概要

　『幼稚園教育要領』の改訂については、先の中央教育審議会答申を踏まえ、次の基本方針に基づき改訂が行われました。

①幼稚園教育において育みたい資質・能力の明確化　幼稚園教育において幼児期の特性を踏まえ、育みたい資質・能力が明確に示されました。それは「**知識及び技能の基礎**」、「**思考力、判断力、表現力等の基礎**」、「**学びに向かう力、人間性等**」の **3 つの柱**が示されました。幼稚園教育において育みたい資質・能力の明確化は、次に具体的に示されています。

（1）豊かな体験を通じて、感じたり、気付いたり、分かったり、できるようになったりする「知識及び技能の基礎」

（2）気付いたことや、できるようになったことなどを使い、考えたり、試したり、工夫したり、表現したりする「思考力、判断力、表現力等の基礎」

（3）心情、意欲、態度が育つ中で、よりよい生活を営もうとする「学びに向かう力、人間性等」

これらについて、幼稚園教育においては「環境を通して行う教育」が基本とされていることを踏まえ、個々の発達の実情や興味、関心等も考慮しながら、遊びを通して展開する**総合的な指導において育んでいくこと**が強調されています。また、幼児期に育みたい資質、能力は、小学校における教科等の学習によって育まれる教育の基礎となる、重要な位置づけと言えるでしょう。

②「幼児期の終わりまでに育ってほしい姿」の明示 「幼児期の終わりまでに育ってほしい姿」が明示され、5 領域の内容が「健康な心と体」「自立心」「協同性」「道徳性・規範意識の芽生え」「社会生活との関わり」「思考力の芽生え」「自然との関わり・生命尊重」「数量・図形、標識や文字などへの関心・感覚」「言葉による伝え合い」「豊かな感性と表現」の 10 の視点で整理され示されています。こうした視点を踏まえた子どもの姿を、幼稚園と小学校の教師とで共有すること等により、相互に連携を図り、幼稚園教育と小学校教育との円滑な接続を行うことが重要視されています。

③「主体的・対話的で深い学び」の実現 幼児教育において資質・能力を育むための指導の改善、充実が求められ、そのための視点として「主体的・深い学び」の必要性が挙げられています。先述した答申では次のように述べられています。

幼児教育における重要な学習としての遊びは、環境の中で様々な形態により行われており、以下のアクティブ・ラーニングの視点から、絶えず指導の改善を図っていく必要がある。その際、発達の過程により幼児の実態は大きく異なることから、柔軟に対応していくことが必要である。

「主体的学び」の視点 周囲の環境に興味や関心を持って積極的に働き掛け、見通

しを持って粘り強く取り組み、自らの遊びを振り返って、期待を持ちながら、次につなげる「主体的な学び」が実現できているか。

「対話的学び」の視点　他者との関わりを深める中で、自分の思いや考えを表現し、伝え合ったり、考えを出し合ったり、協力したりして自らの考えを広げ深める「対話的学び」が実現できているか。

「深い学び」の視点　直接的・具体的な体験の中で、「見方・考え方」を働かせて対象と関わって心を動かし、幼児なりのやり方やペースで試行錯誤を繰り返し、生活を意味あるものとして捉える「深い学び」が実現できているか。

④**『幼稚園教育要領』『保育所保育指針』『幼保連携型認定こども園教育・保育要領』そして、小学校教育との関連**　『幼稚園教育要領』（平成29年3月）の改訂についての特徴は、同時に『保育所保育指針』『幼保連携型認定こども園教育・保育要領』の改訂が実施され、その内容の整合性が図られたことにあります。このことは、幼児教育の質の向上が目指され、子どもは、どの施設に入っても同じ教育の内容が受けられる教育的保障が意図されています。

　加えて小学校との接続、連携の強化が図られ、特に入学当初においては、スタートカリキュラムを特別に編成し、その中で生活科を中心に合科的・関連的な指導や弾力的な時間割の設定なども行われ、小学校教育との円滑な接続が実践されています。なお、就学前の幼児が不安を感じないように、小学校の活動に参加するなど、相互交流活動も意義のある活動として実施されています。

領域「表現」について

● 領域「表現」と5領域

「領域」という言葉が保育の内容を表す言葉として使われたのは、昭和31（1956）年刊行『幼稚園教育要領』からです。保育の内容として6領域「健康」「社会」「自然」「言語」「音楽リズム」「絵画制作」が示されていました。この改訂のねらいの1つは、小学校との一貫性をもたせることにあったため、6つの「領域」が小学校の教科との関連を思わせる名称となっています。しかし、幼児の体験することは、既存の学問や文化のジャン

ルで整理できないあいまいさや複雑さが多くあり、厳密に分けられないものを便宜上分ける言葉として「**領域**」が用いられ、ここに小学校の「教科」とは異なる**保育内容の独自性**が指摘されています（児嶋, 2009）。平成元（1989）年の改訂では、これまでの6領域から新たに、5領域「健康」「人間関係」「環境」「言葉」「表現」へと改訂されました。領域は下記に示す通り、幼児がさまざまな体験を積み重ねる総合的な経験や活動を通して達成され、その「ねらい」を幼児の発達側面より整理してまとめたものが5つの領域を編成しています。

・心身の健康に関する領域「**健康**」

・人との関わりに関する領域「**人間関係**」

・身近な環境との関わりに関する領域「**環境**」

・言葉の獲得に関する領域「**言葉**」

・感性と表現に関する領域「**表現**」

● 領域「表現」のねらい

『幼稚園教育要領』の第2章「ねらい及び内容」において、各領域に示されている事項は、幼稚園教育が何を意図として行われるかを明確に提示しています。平成29年告示『幼稚園教育要領』では「ねらい」とは、「幼稚園教育において育みたい資質や能力のことを、幼児の姿から捉えたもの」であり「内容」は「ねらいを達成するために指導する事項」と示されています。幼稚園教育要領第2章の「ねらい及び内容」、幼児期の終わりまでに育ってほしい姿、生きる力の基礎となる、心情、意欲、態度の育成のねらい等を踏まえ保育者は、子どもが感じたり考えたりしたことを主体的に個々の実態に合わせ、表現していく指導を心がけることが大切です。子どもの「面白そう」「楽しそう」の心情から「やってみたい、もっとやりたい」という積極的な意欲となり、その取り組みがより豊かな表現活動の源となるのです。領域「表現」のねらいは、次の3つです。

（1）いろいろなものの美しさなどに対する豊かな感性をもつ

一般的に「感性」とは、外界の刺激に応じて、何らかの印象を感じ取るその人の心の働きです。子どもの「感性」としては、素朴にものを感じ取る心の働きであり、様々な現象を敏感に気づき、心を動かすことのできる力のことです（梅田, 1989）。子どもの「感性」は、

日常生活の中のさまざまなものごとを、五感を働かせながら感じ取り、自分の目で見て、耳で聞いて、手で触れる等の経験から育まれていきます。たとえば、映像で見る自然の風景の美しさは感じ取ることはできますが、子どもの心はあまり動きません。しかし、子ども自身が実際にその風景の中に立ち、肌で感じる風や木の葉のふれ合う音などの自然を身体全体で受け止めることで、感動が生まれます。それは、子どもの感覚や身体を通して素朴にものを感じとる「感性」であり、さまざまな現象の存在に敏感に反応し、心を動かすことのできる力です。子どもは毎日の生活で、身近な周囲の環境と関わりながら、その中で出会う音、色、形、手ざわり、動き等によって刺激を受け、不思議さや驚きを感じ取りながら、発見する喜びや楽しさを味わう経験を重ねます。さらに「感性」を十分に働かせ、美しさや優しさなどの気持ちを感じ取りながら、子どもは心を動かしています。

　しかし、子どもは、心に感じる思いや感情を、語彙が少ないため言葉で伝えられず、そのため、泣く、笑う、怒る、もじもじする、喜ぶ、悲しむ、不安などを、動作や表情で相手に伝えようとします。子どもは自分の心の動きを、声や身体で表現することにより外側に出し、親や保育者、そして周囲の人々に自分の気持ちを発信し伝えているのです。このようにして子どもは、人々とのやりとりを通して、相手に自分の気持ちを伝える表現力を、経験として洗練しながら蓄積していきます。そしてその過程の中で、子どもの感性が豊かに育まれていきます。子どもの感じ取る力「感性」は、保育者としては、まず第一に大切に育てなければならないものです。なぜならば、こうした感じ取る感性が基盤となって、「感じ取る心」が育まれていくからです。子どもの表現を受けとめる保育者の存在は、子ども自身の思いや気持ちを受け止めてもらえる存在として子どもに認知されます。子どもは自分の思いや気持ちを受け止めてもらえることで安心感と同時に、子ども自身が**「自分は受け止めてもらえる存在である」**という**自己肯定感**も得ることができます。そして子どもと保育者の「表現」を通したこのような関わりが、子どもの感性の成長にとって大きな力となっていきます。さらに、**保育者は自分自身の「感性」に向き合う姿勢**も重要であり、子どもの表現をより深く理解するとともに、根気よく子どもに寄り添う姿勢が求められます。

（2）感じたことや考えたことを自分なりに表現して楽しむ
　人は表現の手段や方法として、自分の声や身体の動きを基本としながら、形あるさまざ

まな素材や活動を通して表現をしています。しかし、幼児期の発達過程にある子どもにとって、必ずしも自己表現したい内容が明確でなく、未分化で直接的で素朴な形の表現が見られます。保育者は、子どもの完成されていない、大人から見れば意味のない動きや言動の表現を見逃すことなく受け止め、**何かを表現している子どもの意思を十分に受け止める姿勢**が大切です。さらに、**子どもの独創性や発想を活かした「自分なりの表現」を大切にすることが保育者には求められます**。子どもから発せられた表現を保育者が温かく受け入れ、見守ることによって子どもは、安堵感と受け止めてもらえた喜びと感動も深まります。しかし、子どもの「自分なりの表現」は、時には乱暴なことをする、悪口を言う、友だちのじゃまをする等、非社会的な行為も含まれる場合があります。このような形でしか表すことができなかった子どもの気持ちを、保育者は理解し受け止め、これらの行為を向けられた周囲の子どもの気持ちを、行為をした子どもに気づかせていくことが大切です。さらに、これらの行為を向けられた子どもの気持ちにも、寄り添うことが大切です。このように、自分の思いを伝えたい相手がいることと、自分の思いを受け止められる喜びを通して、子どもは気づく経験を重ね成長していきます。保育者は柔軟な姿勢をもち、その子らしい「自分なりの表現」に寄り添いながら育むことが求められます。

（3）生活の中でイメージを豊かにし、様々な表現を楽しむ

　子どもが心を動かす出来事は、完成された特別なものに出会うことだけでなく、生活している周囲の環境の中から起きるさまざまな出来事の中から、出会うこともあります。

　例えば、散策の時間に、園庭で木々の間を駆け抜けていく風を感じながら出会った、昆虫や木の葉や美しく咲いている季節の花々、小さなアリの行列をみんなで追いかける……などの子どもの生活の経験の中から、喜び、悲しみ、驚き、恐れ、怒り等のさまざまな情動が生じ、心を揺さぶられ、子どもなりに感じ取ることのできるイメージをもつことになります。イメージは、このような子どもの生活の中で、自然や社会の様々な事象や出来事と出会う体験から生まれ、子どもは具体的なイメージを心の中に蓄積していきます。 保育者は、子どもの感じ取る心の動きを受け止め、その気持ちに寄り添いながら共感することが、子どものイメージをさらに豊かに広げる大きな力につながります。

　子どもは音楽を聞いたり、絵本を見たり、描いたり、作ったり、歌ったり、何かになったつもりになったりと、このような表現をする活動や経験を通して想像の世界を楽しみイ

メージを豊かにしていきます。イメージは音楽会や展覧会など芸術や文化に触れる体験からも得られ、これらの体験がより豊かな感性の育成とイメージの広がりを生み出します。大切なことは、子ども自身が「表したい」「表現したい」という、主体的な動機からの表現活動になっていることなのです。さらに、子ども自身がその表現を楽しみ、表現する充実感を感じ取ることが重要なことなのです。

● 領域「表現」の内容
「表現」における改訂

　平成 29 年告示『幼稚園教育要領』の改訂では、「3 内容の取扱い（1）」において、平成 20 年告示『幼稚園教育要領』では「豊かな感性は、自然などの身近な環境と十分にかかわる中で美しいもの、優れたもの、心を動かす出来事などに出会い、そこから得た感動を他の幼児や教師と共有し、様々に表現することなどを通して養われるようにすること」と示されていました。今回の改訂で、「自然などの身近な環境」より「自然など」の文言が削除され、今回新たに**「その際、風の音や雨の音、身近にある草や花の形や色など自然の中にある音、形、色などに気付くようにすること」**という一文が加えられました。幼稚園教育が「環境」を通して行うことの具現化と、豊かな感性を養うという観点より、子どもがどのような視点を持って自然と関われるようにするのが望ましいのかが具体的に示されました。

　内容

　「内容」とは、その「ねらい」を達成するために、教師・保育者が指導し、幼児が身に付けていくことが望まれるものです（高杉, 1989）。内容の取り扱いには、子どもの発達過程や個性等を考慮し、表現しようとする意欲を受け止め、1 人ひとりの子どものねらいへの道すじを導き支援することが、保育者としての大切な役割です。

①生活の中で様々な音、色、形、手触り、動きなどに気付いたり、感じたりするなどして楽しむ。
②生活の中で美しいものや心を動かす出来事に触れ、イメージを豊かにする。

　子どもは生活の中で触れ合う、どんな小さなことでも自分の目で見て、触って肌で感じ

て心を動かし、驚いたり、発見したり、不思議がったりします。その楽しさや出来事を、保育者はていねいに受け止め、その感動を、子どもと共に共有することが大切です。また、自然環境の中で咲く草花や、四季ごとに変化する木々の葉の色など、保育者自身が感じた美しさを子どもに伝えることによって、子どもの気づきが生まれ「感じ取る心の成長」を促します。一方、室内の環境について視線を向けると、四季感や色彩への配慮が保育者の感性を通してなされている、心地よい生活空間・環境作りが望まれます。また、保育者自身の服装にも子どもたちの視線が集まり、服装も大切な人的環境要素の１つと言えるでしょう。

③様々な出来事の中で、感動したことを伝え合う楽しさを味わう。

　子どもが自分自身が感動したことを、友だちや保育者に伝え、そのことを共有することは、相互のコミュニケーション作りに結びつきます。さらに、自分の思いを受け止めてもらえたうれしさや満足感が、達成感とともに自信となり、表現を伝えることの意欲となります。これらの人間関係作りを内包する表現活動を保育者が担うことで、子ども同士の仲間関係の発展に結びつきます。

④感じたこと、考えたことなどを音や動きなどで表現したり、自由にかいたり、つくったりなどする。

　子どもの表現においては、既存の考えや形にとらわれることのない、思いつくままの自由で創造的な活動やアイデアを駆使した作品を作り上げることができます。この豊かな表現技法や創作活動を継続させるためには、子ども自身が安心して自己表現できる仲間関係や環境づくりが必要です。

⑤いろいろな素材に親しみ、工夫して遊ぶ。

　子どもは、思わぬものを遊びの中に取り入れ、自由な発想で様々なものに変え遊びを楽しむことができます。たとえば四角い積み木は、自動車や電車にもなり、重ねると家にもなります。いろんなアイデアを出し合い、さまざまな素材のもつ可能性を引き出す体験は、表現の幅を広げ、表現する意欲や想像力をさらに豊かに育みます。さらに、工夫した遊びや作品製作は、より良い子ども同士の関係づくりにも、成果が期待できます。

⑥音楽に親しみ、歌を歌ったり、簡単なリズム楽器を使ったりなどする楽しさを味わう。

⑦かいたり、つくったりすることを楽しみ、遊びに使ったり、飾ったりなどする。

⑧自分のイメージを動きや言葉などで表現したり、演じて遊んだりするなどの楽しさを味

わう。

　これら3つの内容について⑥は「音楽リズム」⑦は「絵画製作」⑧は「演劇」の内容に関する活動が取り上げられています。これらの活動は主に、保育者の指導による設定された場面での活動が多く、音楽リズムでは、子どもたちはこれらの経験を基盤として、音楽や歌に合わせて即興的リズムをリズム楽器で表現します。いくつかのリズム楽器の組み合わせによる合奏を楽しみます。絵画製作では、自分の思いやイメージを描画にします。制作活動では、その制作過程を楽しみながら、みんなと共に協力して作品を完成させ、作る喜びや表現意欲を満足させます。また演劇では、たとえば、絵本を台本とした「劇」に取り組み、登場人物のイメージを表現させる素材や道具を、保育者が子どもと共に準備して環境を工夫、構成していくことが大切です。これらの活動は、子どもの経験からのイメージをさらに豊かに発展させ、「○○ごっこ」遊びへと子どものイメージの世界を広げます。

　いずれにしても、子どもの表現することの喜びや楽しさをさまざまな活動を通して十分に経験させることが、子どもの「表現」をさらに豊かに育む大切な要素となります。また、保育者は「表現」の内面にある子どもの心情や背景を読み取り、子どもの「表現」を受け止めることが大切な役割になります。このことは、子どもにとっても喜びを感じるとともに、一人の意思をもった主体的な存在としての自信や安心感に結びつきます。さらに、保育者自身も表現者であり、子どもにとって保育者の存在は、子どもの表現のモデルとなる魅力的な表現者であることを理解しておきましょう。

---

* **中央教育審議会（中教審）**とは、文部科学省に設置された中心的な審議会で、文部大臣の諮問に応じて、教育・芸術・文化に関する基本的な重要施策について調査審議し、文部大臣に建議する諮問機関である。

** **諮問**とは、〔政治上の〕重要事項の決定や問題解決に先立ち、専門的見解を学識経験者などに尋ねること。

*** **理念**とは、何を最高のものにするかについて、その人（面）での根幹的な考え方。

2節　幼児期の音楽表現の発達

音楽の記憶と表象

　音楽に対する子どもの反応の始まりは、胎児期にまで遡ることができます。胎児に母体の心音や声、さらに血液の流れる音や外界の音響（音楽）などが影響を与えていることは、ほとんど疑いのないことであり、そのことが最近の研究によって報告されています。胎児期にも音や音楽を記憶しているのではないかという考えにより、胎教のためにクラシックの音楽を聴かせたり、生後間もない乳児に母親の心音を聞かせると泣きやんで心地よさそうに眠ってしまうという産科からの報告も知られています。ただし、言葉をまだ獲得していない乳児に確認は難しく、この時期の記憶については長年仮説的なものでした（梅本, 1999）。

　しかし近年、馴化－脱馴化法が開発され、精神活動内容を表出する手段をもたない乳児期の知覚や記憶も、客観的に捉えることができるようになりました。【馴化－脱馴化法（habituation-dishabituation method）：なんらかの刺激の呈示を、強化を伴わない状態で反復すると、刺激に対する反応は相対的に減少していく。そのような過程を馴化（なれてしまうこと）と言う。馴化が起って反応が生じなくなり、刺激になんらかの変化が生じると、再び反応が起こる。このことを脱馴化とよぶ】この一連の過程を利用した実験方法です。

　また、乳幼児期の脳の重大な発達と関連をもつ**記憶と表象**（眼前にないものでも記憶して、そのイメージを思い再現すること）について、スイスの心理学者ピアジェ（Piaget）は、**「対象の永続性の概念の獲得」**（対象物が目の前から見えなくなっても、そのものの存在自体はなくなったわけではなく、見えないところで存続しているという認識を持つようになること）と子どもの発達段階より、その時期は2歳前後としています。このことこそ、人間の記憶や思考の始まりと考えられると意味深く三雲（2000）は述べています（表2-2-1）。

　表象が心に描かれ、その表象をもとにした模倣が始まると、「ごっこ遊び」や言葉の発達が進み、聞き覚えた「旋律の模倣」が始まってきます。

表 2-2-1 ピアジェによる思考の発達の時期とその特徴
(西山・山内, 1978 より)

感覚・運動知能 (0〜2歳)	乳児は、対象の認知をもっぱら感覚と身体運動を通じて行う。次第に、かれの行為の対象への働きかけの効果に気づくようになり、意図的に対象に働きかけるようになる（たとえば、おもちゃを動かすと、音がすることを知り、それを喜んで行う）。最初は、対象が見えなければ消失してしまったようにふるまうが、やがて、見えなくてもなお存在するという事実を認めるようになる（対象の永続性）。
前操作 (2〜7歳)	行動が内面化し、何者かを心内的に表現することができるようになる。イメージや語や、象徴遊びによって表現（表象）することができるようになる。しかし、思考はなお「自己中心的」（自己を中心とした社会性を欠いた思考）であり、論理的操作はまだ可能でない。
具体的操作 (7〜12歳)	具体物を中心とした論理的操作が可能となる。1対1対応や物を大小の順に並べる系列化の操作ができるようになる。また、保存が可能になり、加逆性が成立する。自己中心的な思考から脱中心化した思考へ移行し、科学的な時間・空間の概念の基礎ができる。
形式的操作 (12歳移行)	具体的操作期とは異なり、形式的・抽象的な水準で操作が行われ、論理的命題による思考を行う。また、「もし……ならば、……である」といった、仮説を立てて事実を予想することができるようになり、変数をひとつひとつ分離して体系的実験が行える。

図でみる音楽表現の認知的発達 —— 音楽の記憶と表象・リズム

　リズムは音楽において基本的構成要素であり、時間的秩序を整える根本原理です。乳児の運動反応の中でも、リズム性が明確なものに足で蹴る反射があります。胎児期の6ヶ月頃より頻繁にあらわれ、下肢の急速な収縮とゆっくりとした伸展のリズム的一連の動きは、脳の中枢の運動プログラムのあらわれであり、この運動プログラムはその後の歩行運動の成立に重要な機能を担っています（梅本, 1999）。また、幼児がテレビから流れてくる音楽に合わせて、手をたたいたり身体を動かしている愛らしい行動を見かけたりします。この行動は同調行動、同期行動（entrainment）と言われ、乳児が母親の語りかけに対して、手足の動きや顔の表情を同調させることから始まり、その後、週齢、月齢とともに急速に発達し、生後5、6か月になると周囲の人の歌いかけに合せるような発声も始まります。

（A）モデルリズム

（B）リズミックななぐり描き

（C）図形（figural）タイプ

（D）メトリック（metric）タイプ

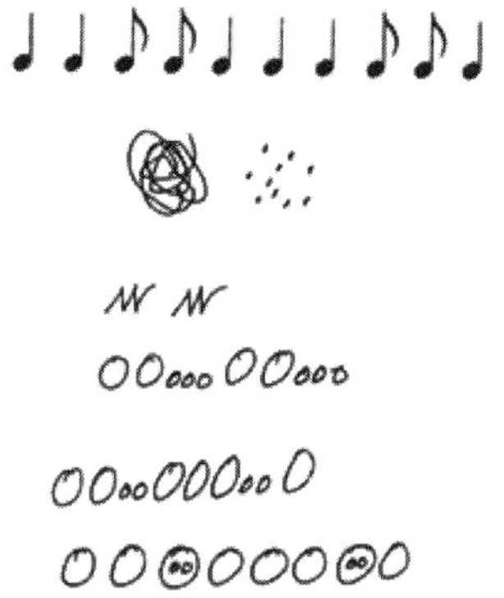

図 2-2-1　バンベルガーの研究で用いられたリズム譜およびそのリズムの表現
（Bamberger, J., 1991・三雲, 2000 より）

喃語（babbling）はおよそ 6 か月齢からの幼児の自発的、非反射的な音声ですが、モーグ（Moog, 1968）はこのような発声を音声の喃語と区別して、音楽的喃語とよんでいます。2 歳前後になると、環境内に存在する音や音楽にあわせようとする反応が増加し、4、5 歳になるとその行動がかなり正確になってきます。

　このような音楽認知の発達を、バンベルガー（Bamberger, 1991, 1994）は、先生が手で叩いた（A）のモデルリズムを記憶させ、そのリズムを図に描いて表現させる方法で，子どもの発達水準を調査しました（図 2-2-1）。図を描いて表現させる際に「後でそれを見て、思い出してそのリズムを叩けるように、また、ここにいない人でもそれを見て叩けるように、リズムを絵に描いてごらん」という教示を与えて、4 歳から 12 歳までの被験者および大学生に調査を行いました。

● 結果の分析

　バンベルガーは 3 つのタイプ（B,C,D）に分類しました。

A．モデルリズム

B．リズミックななぐり描きのような表現が多く、視空間的なリズム表象が成立していない。4、5 歳児の図に多く見られた。

C．聞こえた音のとおりに表現している、より年長の子どもに多い図形的（figural）タイプ。音の個数や音のまとまりを重視。休符などは描かれていない。

D．休符なども考慮に入れて、拍子に基づいて表現しているメトリック（metric：韻律的）

タイプ。音符や休符の相対的長さを重視。したがって標準的なリズム表記による記譜法に類似している。

● リズム表象から見える音楽的発達

・初期のリズミックななぐり描きから脱して、しだいに画面左から右へ時間の流れをもつリズム表象が表出されます。このことは言語の表記を左から右方向へ表現する文化の中では、音の流れを時間事象として捉えはじめたことを意味するものであろうと考えられます。

・音の個数だけの表象から、しだいに、リズムのフレーズに対応した音どうしのつながりやまとまりをもつ図形的な表象へと発達します。図形タイプの被験者が描写するリズム表象の正確さと、リズムに合わせて手を叩くパフォーマンスの正確さとの相関は高いことから、この段階で図形タイプは、環境世界の音の流れを十分正しく認知し、それに合わせることができるといってよいでしょう。子どもの曖昧で多彩なリズム表象は、しだいに、図形タイプとメトリックタイプのリズム表象へと収束してくる傾向があると分析されています（三雲, 2000）。

図による音楽表現の認知的発達 —— 音楽の記憶と表象・旋律

　旋律は音楽において基本的構成要素であり、音の連続的な高低の変化がリズムと組み合わされ、あるまとまった音楽的表現を生み出しているものです。

　旋律は音楽を包み込む輪郭であり、表現者は視空間的な輪郭表象として心に描かれたイメージを手がかりとして、さまざまな演奏表現の工夫をします。デーヴィドソン（David-son, L.）とスクリップ（Scripp,L.）は、子どもに知っている歌を「ほかの人が歌えるように描いてごらん」という簡単な指示を与え、5歳から7歳までの幼児に描かせ、その絵を分析した研究より、子どもの事例および分析を紹介します（梅本, 1999）。

　図2-2-2はジャネットという子どもに『Row, Row, Row Your Boat』（英語で歌われる子どもの歌、日本名「こげこげ こぶね」「漕げよ お船を」）という有名な歌を描かせた場合の、終わりの2小節「Life is but a Dream.（ソファミレド）」を5歳から7歳のときに描いた絵です。

"Row, Row, Row, Your Boat" の終りの部分

５歳のとき

６歳のとき

７歳のとき

図 2-2-2　ジャネットによる描画の終わりの部分
（Davidson & Scripp, 1988；梅本、1999 より）

６歳から７歳にかけての旋律の輪郭表象は、かなり正確な動きを感じ取れる図へと成長が認められます（表 2-2-2）。ピアジェの発達段階（表 2-2-1）では、「前操作期」から具体物を中心とした論理的操作が可能となる「具体的操作期」への移行期に相当します。６歳くらいでは心内表現によるイメージ化や表象が豊かになり、７歳では直感や知覚に惑わされない、物事の本質をとらえることが可能となる時期として、歌詞・リズム・旋律線のある音楽の統合された表象が表現されました。

表 2-2-2　描かれた年齢別の特徴

５歳：長い音と短い音のリズムをまとめている。
６歳：フレーズの旋律線の動きをあらわそうとし、短い線のほうが高い音、長い線のほうが低い音に対応させている。
７歳：歌詞とリズムと旋律線または輪郭を同時に一つの図に押し込めてあらわそうとしている。

子どもの音楽的表現の現れ

　子どもの音楽的表現の現われについては、細田（2003）は、乳幼児にどう表現させるかという捉え方が一般的であるが、まず初めに彼らがどう表現しているかを見ていくことが重要であると指摘しています。また、子どもたちの表現は単独で存在するものではなく、その楽しさを共有する保育者の存在が不可欠であると保育の専門性に言及しています。子

どもの発達は個人差が大きいため、1人ひとりの発達に応じながら子どもの実態を見極め、支援していくことが望まれます。さらに、子どもにとって、自分は守られている存在であることを保育者の関わり方から敏感に感じ取ります。子どもの豊かな表現には自分を守られている存在であるという安心感は、欠くことのできない心の栄養素と言えるでしょう。

音楽的表現の発達

　乳幼児にとって音楽は文化としての音楽ばかりでなく、原発的な音楽も視野に入れる必要があります。もっと原発的な形で存在する音やリズムが、一定の様式に従って体系化される以前の形で現れており、断片的に現れたり、言語との区別が判然としない音楽のことを白石（2006）は「前音楽」と呼んでいます。

　このように表出された「前音楽」的な音楽表現の時期を経て、子どもは意図的・自覚的な音楽表現へ発達、成長していきます。それは子どもが身近な環境にあるものに興味を持ち、触れたり叩いたりするなかで、どんな「音」がするのか、どのような「響き」があるのかなど、音の探索を楽しむ遊びの体験活動の中から獲得していく音楽的感覚なのです。そして、その感覚が年齢とともに音楽的表現としてどのように段階的に発達していくのかを理解し、1人ひとりの子どもの発達のプロセスを大切に育みましょう。

表 2-2-3　年齢と音楽的表現の特徴

【1・2か月〜5か月】
・意識的微笑・物音や人の声が聞こえる方を見る・声に抑揚があらわれる・声の遊び（vocal play）がみられる・喃語（babbling 自発的で不快な情動とは関連しない非反射的な音声）は周囲の人々の働きかけにより、声の高低・強弱・音色への変化に推移する
【6か月】
・積極的探索行動の推進・周囲への反応と情動的表現の泣き声・音域はト音（g）から2点イ音（a"）の約1オクターブ半の広がりをもつ・人の声や鳥、動物の鳴き声の模倣・喃語の歌（Babbling song）ともよばれる表現活動が始まる
【1歳】
・音楽に合わせ身体で調子を取り歌う・旋律の調子は合っていない・音域はまだ狭く限られている・声の抑揚や強弱で自分の気持ちを伝える

【1歳半】
・自発的なハミングができる・身体全体で情動表出をする・表情豊かに喜びの表現をする・いくつかの分節を歌い好きな曲を繰り返し歌う・太鼓、笛、ラッパなどに興味をもつ

【2歳】
・調子は合っていないが歌の数句を歌う・揺れるもの、ボート・ブランコのようなリズミカルな運動を好み、遊びのうちに自然に歌い出す・飛び上がってひざを曲げたり、腕を振ったり、頭を下げたり、足踏みしたり、リズミカルな反応をする

【2歳半】
・楽器やCDを聞くことに強い関心をもつ・いくつかの歌の旋律を全部かまたは部分的に知っていて歌う・人前では気おくれをして、あまり歌いたがらない面も出てくる・グループの中では音楽に合わせて、他の子どもを見ながら走ったり、ギャロップをしたり、身体をゆすったりする・他の人のすることに注意し、まねをしたがる・シンコペーションのリズムやバンドの音楽などの特別なリズムを喜ぶ

【3歳】
・歌の初めから終わりまで歌えるようになる・音程は不十分だが、簡単な音の調に合わせ始める・ある一定の音程を保てるようになる・歌や音楽についての興味が増し、楽器に触れたり、いろいろな音楽経験を楽しむようになる・いろいろな種類のリズム遊びに加わるようになる・いくつかの旋律をはっきりと認識できる・グループで一緒に歌ったり踊ったりすることに、しり込みをしなくなる・旋律よりも身体全体を使った繰り返しのあるリズムの方が理解されやすく、子どもにとっては自然な形で受け入れる

【4歳】
・正しいピッチやリズムに近づき、声の調性も増し、1つの歌を初めから終わりまで正確に歌える子どもが多くなる・歌のレパートリーが増える・集団で歌うことにも慣れ、交替に歌って喜ぶ・ごっこ遊びや劇遊びの歌を非常に好む・遊びながら歌をつくる（短3度のバリエーションが多い）・楽器に触れることが好きで、ピアノの鍵盤を叩いて調子を合わせたり、旋律を聞きわけたりして喜ぶ・音楽を自己表現しようとする・リズムに自発性が増す

【5歳】
・正しい調子で短い旋律が歌える・音楽に合わせて手拍子をとったり、足踏みをしたりする音楽に生き生きとした表現が見られる・音楽に合わせてスキップができ、片足跳びをやるようになる・リズミカルにダンスをすることができるようになる・音板打楽器や打鍵楽器に関心をもつ

【6歳】
・合奏ができる段階に近づく

（井口, 2014 より作成）

子どもの音楽的表現の発達について梅本（1999）は、参考になる意見を述べています。**「音楽は実に情報が豊富であり、私たちの手の届かない希少な存在ではなく、むしろ日常、小さいときから、あたかも生活の必需品のように身近で経験しているもの**である。子どもの発達と音楽の理解を、どのようにしていくのかをみることは、ピアジェが質量や数の理解の発達を研究して、新しい視点を開いたのと同じような展開が期待できる」と、**子どもとの日常に繰り返される生活の営みの中に、子どもの音楽的表現の発達の答えがある**ことを発展的に指摘しています。

　また、竹内（2001）は、**子どもの表現を培い支えることが「表現」することの根幹である**と捉えています。「**表現には、子どもが何をしても受け止められ、励まされる場が必要である。 表現が培われる土壌がいるものだ。 子どもに必要なのは、ほめ言葉ではなく、見る者が本当に感動することである**」と意味深く述べています。

　この**「子どもの表現に関わる二つの考え」**はともに両輪のような関係であり、子どもの表現活動を支える「唯一無二」のような関係性を有しています。

　つまり、どちらが欠けても子どもが安心感をもち、十分な表現力が発揮できないことが考えられます。日々、子どもの表現に寄り添う立場の保育者は、感性を十分に働かせ、子どもと正面から向き合っていることが、子どもの表現を支えるためには最も重要なことだと考えます。さらに、子どもが自由に、安心感をもち表現できる「場」を、子どもとともに創り上げることができる保育者の音楽への技量が望まれています。

3節　子どもの音楽教育法・優れたメソッド

　優れた音楽教育法は、作曲家そして音楽教育家である、ジャック＝ダルクローズとコダーイ・ゾルターンの理念に基づき開発された音楽の教育法です。

　なかでも子どもの音楽表現の教育法は、音楽だけが単独にあるのではなく、子どもの発達に応じた言葉や身体の動きと結びついた、自発的、体験的な音楽づくりという考え方に基づいて、20世紀の音楽教育界に大きな影響を与えました。ダルクローズとコダーイのメソッドは、子どもの心や身体に働きかける創造性に満ちた、豊かな音楽表現を目指しました。

エミール・ジャック＝ダルクローズのリトミック

● ダルクローズの生涯

　エミール・ジャック＝ダルクローズ（Émil Jaques=Dalcroze 1865 ～ 1950）はスイスの作曲家、教育者であり音楽と身体の動きを組み合わせたリズム教育に取り組み、リトミックと呼ばれる体系を作り上げました。

　ダルクローズは 1865 年にオーストリアのウィーンにおいて、裕福な実業家の息子として生まれ、彼は幼い頃から、ドイツとフランスの文化や言葉に親しみました。1871 年 6 歳よりピアノのレッスンを始め、10 歳のときにスイスのジュネーブへ戻り、12 歳から 18 歳までジュネーブ音楽院で学びました。

　19 歳でパリに行き、ガブリエル・フォーレ（1845 ～ 1924）、レオ・ドリーブ（1836 ～ 1891）の弟子となり作曲を学びました。さらに彼は音楽だけでなく、フランスを代表する王立劇団コメディ・フランセーズの団員のもとで演劇を学び、ある劇団グループとともに短期間、各地を廻ったこともありました。このような演劇経験は後に彼が祝祭劇を書いたり、指揮をしたりする際に役立ちました。ヨーロッパでは作曲家としても有名で、数百曲にも及ぶ歌曲、ピアノ作品 125 曲、合唱曲、室内楽、劇音楽が残されています。1887年、アントン・ブルックナー（1824 ～ 1896）に理論と作曲を学ぶためウィーンに向かい移り住みました。

　1889 年、マティス・リュシィ（1828 ～ 1910）のもとで、リズムと表現の理論を学びます。リュシィとの出会いはダルクローズに大きな影響を与え、後に成立したメソッド「ジャック＝ダルクローズ・リトミック」の基礎にリュシィは、決定的な貢献をなしています。ダルクローズはリュシィを「表現とリズムの法則の研究にうち込んだ最初の人」と見なし「彼の助言はわたしのリトミックに関する研究と出版の道において、わたしを照らしてくれた」と述べています（ダルクローズ，板野（訳），1977）。

　1892 年、26 歳でジュネーブ音楽院の和声学とソルフェージュの教授として母校に迎えられます。1905 年にジュネーブで、子どものクラスと教師のためのリトミックトレーニングコースの開設、1911 年にドイツのヘレラウ、1915 年にはジュネーブにダルクローズ研究所を開校します。その後もイギリスのロンドン、フランスのパリ、ドイツのベルリン、

アメリカのニューヨークに学校が設立され、リトミック教育が世界的な広がりを見せていきます。ダルクローズは1950年、84歳で逝去するまで、精力的に多くの音楽作品を作曲し、リトミック教育の普及と研究に生涯を捧げました。現在、ダルクローズのリトミックは音楽のみならず体育や舞踊、さらに演劇とさまざまな分野に取り入れられ、世界各国で広く普及し、日本では音楽の基礎的能力を育成するための教育として定着しています。

● ダルクローズの音楽教育

　ダルクローズはジュネーブ音楽院で教鞭をとった際に、和声学やソルフェージュの授業を通して学生の拍子やリズムの変化、ニュアンスなどに対する感覚が育っていないため、その演奏は音楽性に乏しく豊かでないことに気がつきました。さらに子どもの音楽に対する状況を観察した結果、「音楽は聴覚だけで受け止めるのではなく、手や身体を含むすべての部分で感じ取っている」事実を発見し、ここから音楽の教育や表現方法の研究が始まります。

　そしてこれらの研究や実践を進めた結果、心で集中して音楽を聴き取る能動的な能力を育てる教育を目指し、リトミックと呼称される教育方法を誕生させます。とくに子どもの音楽能力とその発達の方法として「子どもの音楽的能力については、子ども自身が生来的に拍子感としてリズムの要素を持っている。その根源であるリズムを基本とした教育によって、子どもの音楽的感覚を目覚めさせ、それを身体的に発達させていく」（福嶋, 2014）とし、子どもの音楽的才能を身体の筋肉の動きを通して発達させ、音楽的な表現を豊かにしていこうとしました。

　このようにしてダルクローズは「リズムが音楽の最も重要な要素であり、音楽におけるリズムの源泉はすべて、人間の体の自然なリズムに求めることができる」（チョクシー他, 1994）という前提に基づいた教育システム「ダルクローズ・リトミック（アジアでの名称）」と呼ばれる音楽教育の体系を作り上げました。（ヨーロッパではラ・リトム、英国、北米では、ユーリズミックスと呼ばれています）。そしてダルクローズはリトミックの研究に打ち込み、その実践と普及に活躍し、全世界にこの音楽教育が広まりました。

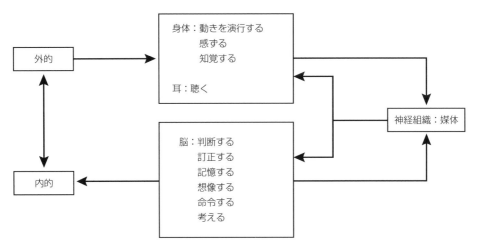

図 2-3-1　筋肉運動感覚の過程（チョクシー他，1994）

● 筋肉運動感覚（Kinesthesia）の連鎖

　リズム学習・運動における身体運動をダルクローズは「筋肉運動」と位置づけました。そして「筋肉運動」における感覚を「筋肉感覚」と名づけました。まずダルクローズは、身体が動くときはいつでも、動きの知覚（sensation）は感覚（feeling）へと転換され、それは神経組織を通して脳へ送られ、そこでこの知覚の情報は次々と知識へ転換される、と仮定しました。脳は方向・重さ・アクセントの質・速度・長さ等々のさまざまな感覚を、知覚の情報へと変えます。頭脳は情報を判断し、そこから神経組織を通して再び身体へと命令を発します。このような一連の過程は「筋肉運動感覚」と呼ばれています（図 2-3-1）。人が日常生活の活動の中で、頭脳と身体との結びつきを意識することなく、朝目覚めて起き上がり、歯磨きをして朝食をすませ、外出して道を歩き、自動車からの危険を避けて障害から身を守る、これらの自動的反応は自動性と呼ばれています。ダルクローズはこの流れに注目しました。そしてリトミックでは、耳から聴こえた音楽を自分なりに脳で感じ、その感じたものを脳から神経組織を通して筋肉感覚に伝達し、身体運動として表現する。そして身体運動をしたときの筋肉感覚を神経組織を通して脳に伝達し、その感覚を思考し、判断し、訂正し、記憶し、創造し、再度筋肉感覚へと伝達する。この動きの連鎖を繰り返すことにより、自分自身の筋肉運動感覚の意識的コントロールの可能性に気づくことができるのです（三村，2009）。

● リトミックの３つの構成

《リズム》への着眼

　「人間は本来生命のリズムとも言うべき生理的、根幹的なリズムに支配され、音楽を含むすべての芸術の基礎もリズムによって成り立っています。両者を統一することによって、人間の芸術的自己実現を豊にすることが可能になる」（福嶋, 2014）とダルクローズは考え、音楽の要素と生活の要素との結びつきを教育システムに取り入れました。生活と結びつきのあるリズムとダイナミクス（音の強弱の変化）は動きに依存するため、それらを用いて身体の筋肉組織（足・手・首・腕など）や神経組織（聴覚・触覚など）に働きかけ、筋肉の弛緩と緊張を通して反応させて実感することで内的聴感を発達させます。これらを実現に導く教育システムを考案したのが、リトミックと呼称される教育方法です。ダルクローズのリトミックは３つの主要な構成からなっています。

①**リズム運動**　身体運動を通して音楽のさまざまな側面や表現的な性質を全身で感じ取ります。リズムへの意識は、身体全体の動きを繰り返し経験することによりその発達を可能にします。リズム運動は、身体的リズムに対する感覚に目覚める学習とリズムの聴覚的理解に目覚める学習です。身体運動には３原則があります。時間（Time）：長い（遅い）・中・短い（速い）、空間（Space）：広い・中・狭い、エネルギー（Energy）：大きい・中・小さいです。これらの表現の変化は音楽的効果の高まりとなります。

②**ソルフェージュ**　歌を歌うことにより、音の音高・音の関係・音質の識別について、より鋭敏な聴取力を身につけることができます。ダルクローズは中央のド C_4 から１オクターブ上のド C_5 までの音域でソルフェージュする Do to Do ソルフェージュ（ダルクローズソルフェージュ）を考案しました。譜読みは固定ド唱法（調にかかわらずハ音をドと読む）で歌います。また、１オクターブ・12半音の限られた音域のなかで歌うため、子どもから大人までの広い世代の人にとって歌いやすいソルフェージュになっています。音感の訓練やさまざまな調の学習に役立つ学習法となっています。

③**即興演奏**　リズム、ソルフェージュを融合させたリトミックの経験が生かされる、ピアノによる素早い作曲で表現することです。音楽の形式は演奏者の自由な創造力と発想で

図 2-3-2　筋肉運動感覚の過程
（チョクシー他・板野和彦訳, 1994）

表現することを楽しむことができます。ダルクローズは 22 項目の練習課程を即興演奏練習の応用として設定しています。1 番目は「筋肉の緊張と弛緩の練習」で、腕、前腕、手におけるいろいろな動きにもとづく音のアタックから始まり、次に、ピアノ演奏に必要な関節の動きの練習としてレガート、スタッカートの表現やペダル・テクニックなどの指示が示されています。即興演奏をすることでメロディ・リズム・ハーモニーを演奏者の表現として創造することになり、音楽への感性を豊かに発展させることが期待できます。

時間－空間－エネルギー調和（生理学と物理学）に関する、ダルクローズのオリジナルな発見は、筋肉運動感覚と、感覚や感情や頭脳の機能（心理学）とを結びつけることができます。これらダルクローズ・メソッドの基本的関係は、三角形によって図示できます（図 2-3-2）。

ダルクローズ・メソッドの功績

今日、ダルクローズ・メソッドとして知られるユーリズミックス、ソルフェージュと即興の組み合わせは、教育者、特に音楽教育家たちに学問的に深い影響を与えました。彼の寄与したものは、アメリカの教育理論家デューイ（John Dewey）とアドラー（Mortimer Adler）らによって提唱された、子どもを中心においた経験主義の教育の要求に答えました。

近年、認知心理学（比較的新しい科学の分野で、学習や記憶や演奏を成功させる技術の増進等を研究するもの）の分野で、80 年以上前に始められた、ダルクローズの 初めの推測、概念、実験が効果的に機能するものであることが科学実験により証明され始めています（チョクシー他, 1994）。

ダルクローズの教育の目的は「学習を終えたときに子どもたちが『私は知っている』と言うのではなく『私は体験した』と言えるようにすることである」と彼は示しています（ダルクローズ, 2003）。体験した経験は感動を生み、感動は人に伝えたい、「表現」をした

いという要求になり、人の生命力となって存在します。感動体験は新しい意欲と創造性の源となり子どもたちの豊かな成長を育むものと考えます。

　ダルクローズは、1924年、フランスのレジオンドヌール勲章を受章、1930年には、シカゴ大学より名誉音楽博士の学位を受けています。1950年7月1日、逝去。彼は世界のために、音楽と動きの遺産を残しました。

コダーイの音楽教育

● コダーイ・ゾルターン

　コダーイ・ゾルターン（Kodály Zoltán 1882 ～ 1967）は、1882年ハンガリーのケチュケメートで生まれ、1967年にブダペストで逝去しました。ハンガリーを代表する作曲家、民族音楽学者、音楽教育者です。鉄道員の父親にともなわれて18歳になるまでハンガリーの地方を転々とし、土地々の民族音楽に早くから親しみました。1900年にブダペストに出て王立音楽院でケスラーに師事して作曲を学び、文化系大学で言語学を修めます。1906年に民謡の韻律法研究で博士号を取得し、民謡や民族音楽の研究活動を継続的に行いました。バルトークと民族音楽研究において協力関係にあり、共同作業の結果として、1906年《ハンガリー民謡》が出版されました。1907年から音楽院で音楽理論、作曲を教えるようになり、この頃から音楽的にも、題材的にも、ハンガリー的な作品の創造に取り組み《ハンガリー詩編》（1923年）や《ハーリ・ヤーノシュ》（1925～1927年）などのおだやかな作風の親しみやすい作品を数多く残しました。また、音楽教育にも力を注ぐようになり、伝統音楽の表現を取り入れた歌を基本に置く**コダーイ・メソッド**と呼ばれる音楽教育法を確立し、ハンガリーでは音楽（芸術）教育は幼児教育の中心となり、初等学校の音楽教育を抜本的に改革しました（横井, 2002）。

● コダーイの音楽教育理念

　コダーイの音楽教育の理念と音楽指導の原理は、次のようにまとめることができます。

①**言語における読み書きのできる人はすべて、音楽における読み書きもできる。**音楽の読み書きはすべての人の一般常識であるべきだ。言語の読み書きと同様、音楽の読み書き

も教えられて獲得されるべきものであり、教えられるべき能力なのである。音楽の言語理解は、音楽の楽しさが増し、人生そのものの質も向上する。

②**歌うことは音楽の資質づくりにとって、最高の手段である。**最も幼い子どもでも、楽音を作りだすことができる。歌うことは子どもにとって、話すのと同じくらい自然な行為である。この生来備わっている声を使い、養い、培うことは実際的でもあり効果的でもある。歌うことを通して獲得された音楽知識は、楽器を通して獲得されたもの（外部から付け加えられたもの）にはあり得ないほど、自分のものとして内面化される。

③**音楽教育が最も効果的に行われるためには、非常に幼いうちに始めなければならない。**ハンガリーで 2 歳以下の子どもを対象に行われた研究（ブダペスト州立の保育園で、カタリン・フォーライの指導のもとで行われた）によると、毎日歌を歌った子どもたちと、全くその環境にいなかった子どもたちとでは、獲得した言語、音楽にははっきりとした違いが現れた。子ども時代の早期教育の重要性は古くから認識されていたが、その重要性は、他の分野よりも音楽の分野での方がより高い。

④**子どもたちの母国語のわらべうたや民謡による音楽教育が必要である。**自国のわらべうたや民謡は、母国語のアクセントが旋律とリズムに反映されている。そのため子どもたちは、単に節と言葉を学ぶばかりでなく、母国語のより一層の流暢さと理解を得る。子どもたちは単に言語を学ぶだけでなく、何度も繰り返して歌うことで、音程感やリズムを含む言葉と音楽の学習が可能になる。

　このようにしてコダーイの教育理念に基づく音楽教育は、子どもにとって日常の活動として行われます。さらに遊びを含む音楽活動を繰り返し学ぶことで、自然な活動として子どもたちの内面に取り入れられ、楽しみながら音楽の基礎が学べることになります。

コダーイ・メソッド

　コダーイ・メソッドとは、1940 年代から 1950 年代のハンガリーにおいて、音楽教育の包括的システムとして、作曲家であるコダーイと彼の同僚や生徒たちによって開発された音楽の教育法です。それはコダーイによって発明されたというより、コダーイの示唆と指導のもとハンガリーの学校において発展していったものと言えます。メソッドの目標、

理念、原理はコダーイ自身のものですが、音楽教育方法については、諸外国の優れた方法を取り入れ修正・改良したもので構成しています。

● コダーイ音楽教育に用いられるツール（tools）

①**トニック・ソルファ法**（Tonic Solfa）　トニック・ソルファ法はイギリスから来た、シラブル（音節）のシステムのことであり、「移動ド唱法」による階名唱法のことを指します。〈ド、レ、ミ、ファ、ソ、ラ、ティ、ド〉の中で、ドがすべての長調の主音・調の中心であり、ラが短調の主音・調の中心とみなされます。

　トニック・ソルファ法は、ある特定の音高（pitch）にではなく、ある調性内の音高どうしの関係と機能に注意が集中することができるため、調性の記憶を助け、音楽的な耳を育てるには最適な方法と言われています。

②**ハンド・サイン**（Hand Signs）　イギリスのジョン・カウエンが1870年に考案したものに、コダーイは改良を加え、ソルファ法とともに使用されます。下記の図2-3-3のように手の形で音を表す方法です。音の高さは、腰から頭頂部までの高さの範囲内で腕を上下させて表します。座位でも行うこともできるため、さまざまな教育場面で活用されています。

③**リズムの音価を表すシラブル**（Rhythm Duration Syllable）　フランスのエミール・ヨセフ・シュベの考案したシステムの一部を採用したもので、コダーイ・アプローチでは、リズムはパターンによって一連のシラブルで表現されます（図2-3-4）。これらのシラブルはリズム読譜やリズム唱に用いられ、音符の音価を表現します。

コダーイの音楽教育

　ハンガリーの幼稚園の音楽教育では、小学校の教育カリキュラムとの密接な関連をもつ音楽教育が体系的、段階的に位置づけられています。子どもたちの指導にあたっては、言葉と音楽と動きが自然に結びついた「わらべうた遊び」や「わらべうた」「民謡」を繰り返し歌い覚え、拍やリズム感などの音楽の基礎を身につけます。さらに、歌や楽器を用い

図 2-3-3　ハンド・サイン（吉富・三村, 2009）

図 2-3-4　音価を表すシラブル（チョクシー他, 1994）

て、音の大きい／小さい、速い／遅い、高い／低いなどを聴き分ける、識別的感覚を身体動作などによって体得します。このような活動を通して、楽音、非楽音、声の種類などを聴き分けることにより、聴取力を身につけます。さらに、わらべうたや民謡のリズムや旋律を、繰り返し歌うことによりそれらを記憶することは、内的聴覚の育成になります。

　このことは、旋律やリズムの一部を聴いて何の曲か認識したり、記憶されたりしたそれらの歌を、指導者の指示でサイレントシンキング（声に出さずに心の中で歌うこと）を用いて、旋律を心の中で（頭の中で）認知し再現できる能力を育成します（三村, 2009）。

　ハンガリーでは、音楽は人々に「愉快・幸福」をもたらし、包括的な人間形成に寄与するものであると認識されています。さらに、「拍・リズム・テンポ・音高・旋律・ダイナミクス・形式」等の「音楽的概念」は「言語の語彙」とともに知的発達に位置づけられています（尾身, 2013）。コダーイの音楽教育は、すべての人が生まれつきもっている音楽家性（musicianship）を最大限に伸ばすことを目指していました。

COLUMN .... ❷

目で見る発達の様相

　人間の発達とは、受胎から死に至るまでの心身の機能の変化を発達（development）といいます。変化には「身長が伸びる」「語彙が増える」などの量的変化と「赤ちゃんの ハイハイから、立つ、歩く」「論理的に考えることができる」などの質的変化があります。発達の速度には個人差はありますが、発達の順序は普遍的で一定で単線的であり、一度生じた変化は一般的には不可逆的であるとされています。しかし個人によりまたは障害や文化により発達の順序や経路は多岐であり、退行や消失もありうるとされています（矢野他 ,1995）。

　ここでは幼児期における表現活動「描画」の段階的発達について知識を深め、描出された子どもの表現に、どのような情報が発信されているのかを保育者として多様に捉える力を培っていきましょう。

「描画」の発達（development of drawing）

　描画技法は年齢に応じた進歩を示します。その発達段階の様相は、次のように特徴づけられます。

● **なぐりがき期　6か月～3歳半頃**：3歳頃までの単なる線画、錯画（scribbling）や、なぐりがきを描くにとどまる。運動的、視覚的興味にもとづいて描くことが多い。錯画は目的意識を持たずに、紙面上に意味のない多様な線を描く。このような線のことを錯画、または、なぐりがきと言い、描画の発達段階では、錯画期、なぐりがき期とよぶ。錯画初期の未分化で、でたらめな線描は次第に運動制御や目と手の協応が可能となり、縦線や横線、円状の線へ発展する。

● **象徴期（意味づけ期）　1歳半～4歳頃**：自己の描出した線画に形を発見して命名する、表現意図やつもりをもって何かを描出する、他者と課題を共有して描出を試みるなど対象の形態を描く形象的表現の萌芽が出現し、原初的な象徴的表現がみられる。描画の芽生えが見られ、次の絵画や描画の準備期である。

● **前図式期（カタログ期・並べがきの時期）・図式期（覚えがきの時期）　3、4歳～7、8歳頃**：描画成立以後の時期をさす。カタログ期では、子どもは頭の中に蓄積され始めた表象をたよりに描くが、まだ事物のまとまった特徴のある形は表象できず、その表現様式は型にはまった花や人などの図式的な絵を繰り返し描く。覚えがきの時期では、見えるとおりに描くと言う

よりも、知っていることや感じたことを描く、知的写実性の特徴が見られる。また、並べがきやレントゲン画などの幼児に独特な表現も出現する。さらに9歳頃になると、一定の視点からの写実的表現が可能となり、写実画が成立する。

幼児に独特な表現

● 頭足人画（tadpole）

2、3歳から4、5歳までの子どもは人物を、円状の線描で描かれた頭に手や足をつける表現様式を用いて描く。このような幼児の人物表現を頭足人画またはオタマジャクシ画という。頭足人画は広く世界の子どもによって共通に描かれる独特な描画である。

● レントゲン画（x-ray drawing）

幼児の描画に特有な表現様式の1つであ

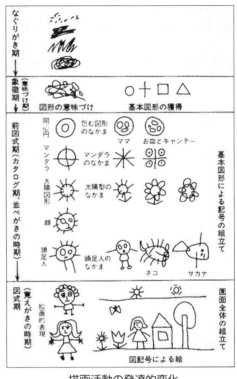

描画活動の発達的変化
（長坂，1977・村田考次，1986より）

るが、実際に外側から見ることができない内部をあたかも透けて見えるかのように描出した絵や描画をいう。それはレントゲンで透視したかのように描出されているのでレントゲン画、あるいは透明画という。レントゲン画は幼児が対象を見たとおり描くのではなく、その対象の知っていることを描くこと、すなわち、知的写実性によってこのような表現様式になると考えられている。レントゲン画は図式画期の特徴を示す代表的な描画である（山形，1995）。

頭足人画
（山形，1989・
山形恭子他，1995より）

レントゲン画　自動車
（山形，1989・山形恭子他，1995より）

76

COLUMN ·················· ❸

音から音楽へ

音とは

　私たちの五感（視覚・聴覚・嗅覚・味覚・触覚）の中で、耳（聴覚）から感受できるものを「音」と言います。音は物がすれあったり、何かをしたりしたときに、空中、水中などを伝わる波動の一種で、私たちの耳に感受される**空気の波**の刺激なのです。音の伝わり方の様子は、あたかも静かな水面に小石を投げ込んだとき、投げ込まれた水面の中心から丸い水の波紋が、周囲に大きく広がっていくのと同じ現象にたとえられます。ただし、一度だけの振動では、空気の波は一つの波形を作るだけで、音や音楽にはなりません。「音」として人の耳に届くためには、**連続した振動**が必要なのです。このようにして、振動する空気の波が人や楽器から発せられると、それが「声」や楽器の「音色」として伝わり、私たちの耳に心地よい「音楽」として届き、人々の心に感動を与えます。

音の響きの種類

　様々な音があふれ出している現代、五感の中でも視覚の場合、瞼_{まぶた}を閉じれば外界からの情報のインブットは視覚的に遮断されますが、聴覚は外界に開かれているため、意識しないまでも音はいつでも聞こえてきます。

　しかし、ふと歩みを止め自分のとどまる環境の音に耳をすますと、今まで気づくことのなかった音が聴こえてくることに気づきます。そして自分の身体と外界・環境とのつながりがあることに気づき、新鮮な感覚を覚えます。子どもにとっても音との触れ合いは、音楽と出会える可能性の芽を育くみ、有益な活動となります。

　このような音がもつ響きに注目し、その響きについて、整理をしてみましょう。

３つの音の響き

　音の響きの種類について無藤（2013・2016）は３種類に分類、分析し（表・「音の響きの分類」参照）**「音の感覚を育てることが音楽性の基礎を養うことであることがわかる。その基**

音の響きの分類

第一「届く音」：人から人へと声を届かせる。音源から聞き手へと音が届く。音に直進する特性があり、人は音がどこから来たのかを把握する。この性質があるから、声はコミュニケーションとしての機能を担い、音楽は一つのまとまった音として感じられる。

第二「返る音」：音は直進し、ものにぶつかり、跳ね返って戻ってくる。音波を使った探知機はその原理を利用している。跳ね返る程度の違いや時間がごくわずかでも、我々はそれを感受できるようである。たとえば、視覚障害者は杖で歩道などの地面を叩き、その音の周囲への反響音で、道の広がりや曲がり方がわかるそうである。

第三「包む音」：音は空気の振動としてまわりに広がっていき、それが距離の異なる様々な形の物質に反射して、一つの音は残響を持ちつつ、その空間全体を埋め尽くす。だから、その空間のどこにいても、人は同一の音を聞いたと感じられるのである。同時に、音は特定の音源から届くとともに、四方八方からやってきて、一つの音としてのまとまりをもつ。それは、あたかも音に包まれたような感覚をもたらす。とりわけ、音楽的体験とは、そうした感覚を基礎においている。

（無藤，2016 より）

礎は、まさに乳幼児期の発達の主となるべきものなのである」と意味深く語っています。このような音の響きにはどのような種類があるのだろうか……音の響きに注視した分類を見てみましょう。

音を聴くこと

　日本を代表する作曲家、武満徹（1930～1996）は、「武満徹著作 3（2000）」の中で音を「聴くこと」について、「私たち（人間）の感受性は衰え、また、怠情になってしまった」と述べ「音は消える存在であるという本質に現代人は気づいていない。今の私たちの生活環境は、音というもの、その大事な本質を見失わせるような方向に極端に進んで来てしまっている。音は消えるという、最も単純な事実認識にもどって、もう一度、虚心（先入観にとらわれず対象をあるがままに取り入れる）に聴くことからはじめよう」と 聴くことへの大切さを呼びかけ、その重要性に触れています。

　いずれも「聴く」ことについて「聞く」（ヒアリング）は受動的行為であり、自然と聞こえてくるものです。ここで言う「聴く」は能動的行為であり、大切なことは、自分から「聴こう」とする努力する姿勢なのです。これらは大変な集中力が求められ、「音楽」を学ぶうえでは大変重要なことだと言えるでしょう。また、「子どもや保育者にとっても、音への気づきに、あるいはその体験をどう捉え、導いていくのかは、大きな教育的課題であり、人間経験の基礎としてあるはずです。」と無藤（2013）は述べています。

　音を聴くことの重要性を、現代社会の音環境や騒音公害として研究し、その思想、サウンドスケープを発展させたのがマリー・シェーファーです。シェーファーは社会的課題、騒音問題のみならず音楽教育にも携わり「サウンド・エデュケーション（音の教育）」を教育現場に導入しました。

サウンドスケープ

　R・マリー・シェーファー（Raymond Murray Schafer）は 1933 年、カナダに生まれたカナダを代表する作曲家です。その活動は、グラフィックデザイン・評論活動・音響彫刻の制作など多岐にわたっています。サウンドスケープ（soundscape）は、彼により提唱された sound（音）と scape（眺め、景色）の複合語で **音の風景** を意味します。シェーファーは、1960 年代の現代芸術とエコロジーの運動と思想を背景に、サウンドスケープという概念を世界で初めて明確化しました。

サウンドスケープの定義

　「個人、あるいは特定の社会がどのように知覚し、理解しているかに強調点のおかれた音の環境。したがって、サウンドスケープは、その個人がそうした環境とどのような関係を取り結んでいるかによって規定される。この用語は現実の環境を意味することもあれば、とりわけそれが一種の人為的環境と見なされた場合には、音楽作品やテープモンタージュのような抽象的構築物を意味する場合もある」と定義されています（鳥越, 1997）。それは、「風景や環境を

五感で分断し、その視覚的側面を重視してきた近代西洋的思考に対して、最終的には五感を統合した全身感覚的思考をとりもどそうする考え方でもある」と鳥越（2002）は述べています。さらに、私たちにとって今、最も大切なことは「サウンドスケープは、自分自身の身体を通じて、日々の生活の中で周囲の世界をどのように感じるのか、それぞれの空間をどのように読み込み、その環境をどのように捉えるのか、このことを、聴覚を切り口に私たちに呼びかけている考え方である」と鳥越（1997）は広くわかりやすく語っています。

サウンド・エデュケーション（A Sound Education；音の教育） シェーファーは、1960年代の終わりころから音楽教育に関わり、みずからの音楽教育や音環境の調査研究などの実践の中から、さまざまな音に関する課題を100の設問にまとめた『サウンド・エデュケーション』を集大成しました。シェーファーによると、その目的は**「人々に音をより良く聴くことを教える方法を示す」**ことでした。さらに「世界のサウンドスケープを改善する方法はごく単純だ、と私は信じている。聴き方を学べばよいのである。聴くという行為はひとつの習慣になってしまっていて、私たちは聴き方を忘れてしまっているようだ。私たちは、自分をとりまく世界の脅威に対して耳を研ぎ澄まさなければならない。鋭い批判力を持った耳を育もう」と述べています。シェーファーはこのようなサウンドスケープの思想を教育の場で、サウンド・エデュケーションを通し実践していきました。

次に、この課題の一部を紹介します（シェーファー，1992）。

【課題】簡単な課題から始めよう。時間は2、3分でいい。聞こえた音のリストを作ろう。グループの場合には各自の違いに気をつけながら、それぞれのリストを読み上げてみよう。

1. 聞こえた音をすべて紙に書き出しなさい。どこでも誰でもできる。聴くという習慣を身につけるために、いろいろ違った環境のところで何回かやってみるとよいだろう。

2. 課題1で書き取った音をいろいろな角度から分類させる。自然音（N）、人間音（H）、機械音（T）、といったカテゴリー。自分が出した音か、他者が出した音か、嫌いな音か、好きな音か……等をはじめとした、100の課題が出されています。

実践編

第3章

子どもの音楽的表現

1節　子どもの音楽的表現──保育の現場の気づきより

　日常の保育の中には、扉の開閉する音や空調の音などの生活音をはじめ、保育者が奏でる楽器の音色、友だちや保育者の話し声等、ありとあらゆる音に囲まれています。子どもは私たちが当たり前に感じている音や、気がつきにくいものにも敏感に反応し、感じたことを言葉や動作を使って多様な表現をします。しかし、すべての子どもが最初から音に敏感で、豊かな表現だったのでしょうか。この節では、子どもの音楽的な表現がどのようにして広がっていくのかを事例を通して学んでいきます。

事例①　音のまねっこ　（1歳児　10月）

　ヨウタ君は1歳半を過ぎたころから保育者の言葉を真似る姿がみられるようになりました。散歩の時間に見つけたどんぐりを保育者が「コロコロコロ〜」と言ってベンチの上に転がすと、ヨウタ君も「コリョコリョ〜」と言って何度も転がします。

　また、幼児でも持って描きやすい形になっているクレヨンを重ねるのを好み、「カッチャーン」と言いながら繰り返し重ね、崩れると「アーア」と言ってがっかりしたような声も出すようになりました。

コリョコリョ〜

カッチャーン！

● 事例①での気づき

　ヨウタ君は、公園でどんぐりを見つけるたびに心地よい声で「コロコロ〜」と言ってくれたり、楽しんで

いることを声に出してくれたりする保育者の言葉をあるときから急に真似るようになりました。まわりにいる人がヨウタ君の気持ちを汲み取ってくれたり代弁してくれたりする経験を重ね、安心して生活することにより、信頼している人の話し方やリズム、抑揚を真似して歌のような、言葉の始まりのようなものを獲得していきます。

事例②　ビリビリ合戦になっちゃった　（3歳児　4月）

　5月初旬、この日は雨模様で園庭に出られなかったので室内遊びをすることになりました。おままごとやブロック遊びと思い思いの遊びが展開されていましたが、保育室に何気なく置いてあった新聞紙に気づいたユウ君が「ビリビリ〜」と言いながら突然破りました。その音を聞いて、ブロック遊びに没頭していたはずのトモちゃんも徐にユウ君の新聞紙を取って「ビリビリ〜」。何回か繰り返すと急に2人は笑い出し、その楽しそうな声が連鎖してクラス中でビリビリ合戦が始まりました。新聞紙が破れる感触と音がなんとも楽しいようで、力いっぱい破いてみたり細かく破いてみたり音を感じているようでした。その日から、ビリビリ合戦は何日も続き、新聞紙・画用紙・障子紙・アルミホイルなどさまざまな素材の音を楽しみました。

● 事例②での気づき

　ユウ君が破いた新聞紙の音は、保育室の中にない音だったことからみんなの注目を浴びました。「ビリビリ」の音が気になったトモちゃんはユウ君の所にいき、どうしたらさっきの音が出るのか真似をしました。何度か繰り返すとなんて気持ちの良い音！　2人とも

いっぱいできたね！

サラサラ滑って気持ちいいな♪

言葉はなくとも面白さが重なりお互いに笑い合います。もし、保育者が「新聞紙は破かないでね」と言っていたらどうなっていたでしょう。

①新聞紙が破れる心地よい感触と音との出会いはあったでしょうか。
②ユウ君とトモちゃんが感じた「楽しいね！」という共感は生まれていたでしょうか。
③新聞紙以外の素材はどのような音がするのか、多様な素材を破ってみたいという興味・関心が芽生えたでしょうか。

> 　幼児は生活の中で様々なものから刺激を受け、敏感に反応し、諸感覚を働かせてそのものを素朴に受け止め、気付いて楽しんだり、その中にある面白さや不思議さなどを感じたり楽しんだりする。そして、このような体験を繰り返す中で、気付いたり感じたりする感覚が磨かれ、豊かな感性が養われていく。

　上記は『幼稚園教育要領』「表現」の内容（１）の解説を抜粋したものですが、事例①はまさに新聞紙から発見した音を通して気付いた面白さや感覚が体験として子どもの中に刻まれた一例です。
　子どもが楽しいことを発見するとき、保育者が予想していなかった突発的なことが起きることがしばしばあります。保育者が大らかな気持ちで子どもの発見に寄り添うことで子どもは表現することの自由さを知り、豊かな表現に繋がります。

事例③　つぎは……とまりませーん　（異年齢交流　６月）

　異年齢が集まる預かり保育の部屋で、３歳児のリョウ君は１人で電車ごっこを楽しんでいました。電車は段ボールに画用紙が貼られたり持ち手が付けられたりした物で、リョウ君１人にはちょうど良いサイズです。最初は「とまりまーす」と「出発しまーす」を自分のタイミングで楽しんでいましたが、そのうちケン君たち男の子数名が「つぎはとまりませーん」「出発しませーん」とリョウ君の声に重ねていきました。最初こそ気が付かなかったリョウ君でしたが、自分の電車に合わせていることがわかるとケン君たちの声に耳を傾けるようになりました。次第に「とまりまーせん！」「とまりまーす！」という掛け

超特急だ !!

一緒に走ろうよ

声に合わせて止まったり動いたりとリズム遊びに発展していきました。

● 事例③での気づき

　単調な動きだった電車ごっこが、ケン君たちの参加によってリトミックのようなリズム遊びになりました。また、リョウ君は自分一人でタイミングを作っていましたが、ケン君たちの掛け声により、第三者の声を聞いて言葉の予測をしたり声のトーンで察したりと言葉や声の強弱・抑揚などを感じる体験ができました。

　この事例のように、音を察する・合わせるという経験は手遊びの中にも多く取り入れられています。たとえば、「あたま・かた・ひざ」の手遊びの最後のフレーズで「手は〜？」と問う保育者の手がどこに向かうのか子どもたちは察したり期待したりします。保育者の表情や声で感情や行動を自然と予測しているのです。手遊びは何か活動する前に注目してもらうためだったり静かに話を聞くためだったりと前座的要素で多く使われがちですが、歌いながら身体を動かし、相手とリズムや心を同調できるものと考えると使い方が広がります。

事例④　こんな楽器があったらいいな　（4歳児　12月）

　日頃から、クラス全体で歌う場面や自由遊びで室内に流れている曲を歌ったり踊ったりするなど音楽全般を好むユキちゃん。発表会で披露する歌はとても積極的に全身を使って歌っていましたが、合奏のときは浮かない表情をしていることがありました。保育者が何かあったのかと問うと、「カスタネットじゃなくて他の楽器がいい」と教えてくれました。カスタネットやトライアングル、マラカスやスズ等園にある楽器を提案してみましたがや

りたい楽器は見つからず、保育者に「ベンベンってね、音が鳴るやつがいいの」とイメージを伝えてくれ、写真などで照らし合わせた結果、ユキちゃんの演奏したい楽器はウクレレだということがわかりました。

　集まりの会で、クラスでユキちゃんがウクレレを演奏したいということを話すと、子どもたちの中から「ボクは持てるピアノがいい」「私は太鼓みたいなの」等、演奏してみたい楽器の意見がたくさん出てきました。そこで、園にある既製の楽器ではなく、自分たちで「こんな楽器があったらいいな」を作って演奏することになりました。

● 事例④での気づき

　子どもの音楽的表現や身体的表現は自由で豊かであってほしいと保育者の誰もが願っていることです。しかし、行事を目の前にするとどこかその〝願い〟が行事に向けての活動になったり保育者の意向や園の伝統のようなものが先行したりすることがあります。今回の事例も、合奏は園にある楽器を使うという流れが当たり前の雰囲気でした。しかし、ユキちゃんの「ベンベンって音が鳴るやつがいい」の一言で、本来の発表会のねらいはどこにあるのか、育ってほしい子どもの姿は何かを思い返し、決まった楽器を使って演奏することがねらい達成の限りではないということに気付き、軌道修正することになりました。

　保育の中では、楽譜どおりに演奏ができたり、一糸乱れぬ演奏をする出来栄えが良かっ

たりすることが目的なのではなく、日常の中で主体的に音や音楽にかかわれる環境を用意し、子どもが自分の表現に自信をもって取り組めるよう見守ることが必要だと感じます。

事例⑤　「ボクに言って！」（5歳児　12月）

　ダイ君は家族や限られた友達とは会話をしますが、その他の友達や保育者と会話をすることはなく、何かあるときは首振りで意思疎通をすることがほとんどという生活でした。発表会で年長組はクラスで劇をすることが決まり、役決めの際は希望していた "クマ役" に自ら挙手をして演じることになりました。しかし、練習が進みセリフを言う場面になるとどうしても言葉が出ず、クラスの練習が止まるようになりました。保育者はダイ君が自分のセリフをどうしたいのか、首振りで応えられるよういくつか質問をしました。

　　　保育者　セリフを言うのは恥ずかしい？
　　　ダイ君　（首を縦に振り）うん。
　　　保育者　お友だちと一緒に言う？
　　　ダイ君　（首を横に振り）いやだ。
　　　保育者　自分のセリフは言いたい？
　　　ダイ君　（首を縦に振り）うん。

　上記の他にもいくつか質問をしましたが、自分のセリフは言いたいけれど声には出せないのだというダイ君の気持ちがとても伝わってきました。すると、保育者とダイ君のやりとりを一緒になって考え聞いてくれていたクラスメイトの中の1人であるユヅキ君が「わかった！　ボクに言って！　それで、ダイが言い終わったらボクがみんなに合図を出すから。ダイ、それならどう？」と言うと、ダイ君の表情が明るくなり大きくうなずきました。セリフの伝え方が決まってからは、セリフの順番になるとダイ君はユヅキ君に耳打ちをし、ユヅキ君はセリフを聞き終わるとまわりにサムズアップで合図を出すという流れになりました。

劇の内容について話し合う5歳児

手作り衣装と道具類で演じている様子

● 事例⑤での気づき

　自由な時間の中で歌をうたったり、なりきり遊びをしたり身体を動かしながら大きな声を出したりしているときに「苦手」を意識することは少ないですが、劇となると恥ずかしさや緊張も混ざって苦手意識をもつ子どももいます。この事例のように、ふだんから特定の人としか話さない場面緘黙の傾向があるダイ君からしてみれば、劇で声を発することはとてつもなく大きな挑戦です。しかし、この事例は声を発することに苦手意識のあるダイ君の存在がクラス全体に受け入れられ、認め合いながら生活しているのがよくわかります。

　人には誰しも得意、不得意があります。全員が同じような大きな声で演じる劇よりも、声の大小はあっても自分なりの表現を精一杯取り組み、子どもたち自身が満足している劇であればこれほど面白いものはありません。発表会の劇を通して、多様性を尊重する、認めてもらえる経験ができたことは「ボクはこれでいいんだ」とダイ君の大きな自信になったことでしょう。

終わりに

　子どもの音楽的表現はどのようなものかを考えたときに「歌が上手に歌える」とか「リズムよく踊ったり楽器が演奏できたりする」といった音楽の技術ではないことが上記の5つの事例からわかります。音楽的表現とは、各年齢の発達段階に見合った「ひと・もの・こと」に触れながら子ども自身が感じる経験を重ねることで内面から湧き出てくるような感情や動作であり、その表現が豊かであれば音楽技術についても自ずと向上していきます。そのため、保育者は子どもの感性が育まれるような「ひと・もの・こと」の環境を整え、保育者自身も感性を磨く必要があると言えます。

すごい！ ピアノ上手だね！

踊るの大好き！ 楽しい！

オオカミだ！ 食べちゃうぞ！

2節　コミュニケーションツールとしての「声」 —— 詩の音読から

音読を学ぶ意味とは

　学習指導要領の小学校国語解説（文部科学省, 2017）では、音読の良さとして、「音読には、自分が理解しているかどうかを確かめる働きや自分が理解したことを表出する働きなどがある。このため、声に出して読むことは、響きやリズムを感じながら言葉のもつ意味を捉えることに役立つ。また、音読により自分の理解したことを表出することは、他の児童の理解を助けることにもつながる」とされています。第1学年および第2学年では、幼児期に生活の中で言葉の響きやリズムの楽しさを味わう経験をしてきていることを踏まえて指導することが大切とされ、語のまとまりや言葉の響きなどに気をつけて音読することが目指されます。第3学年および第4学年では、一文一文などの表現だけでなく、文章全体を意識して音読することが求められています。

　さらに学習指導要領では小学校低、中学年では音読の指導、高学年になると音読に加え

て「朗読」の指導がなされるように表記されています。高学年では、「音読が、文章の内容や表現をよく理解し伝えることに重点があるのに対して、朗読は、児童一人一人が自分なりに解釈したことや、感心や感動したことなどを、文章全体に対する思いや考えとしてまとめ、表現性を高めて伝えることに重点がある」（文部科学省, 2017）とあり、音読と朗読の違いが解説されています。つまり、朗読は音読にさらに表現性が備わったものであり、音読よりも高度なものとされているようです。

　これらのことから、よく国語の授業で行われる音読（さらに高度化されると朗読）は、作者の言葉を自分なりに解釈していくという、作品や作者と自分との対話、さらには声を出して表現していくことにより他者に自分の解釈した結果を伝えるという他者との対話が、自らの言葉ではないにもかかわらず行われているわけです。まさに、「声」がコミュニケーションツールになるのです。

　筆者は時々参観させていただく小学校の国語の授業で子どもたちの元気な音読の声を聴くたびに、心地よい先生の範読の声を聴いて育った、健康であたたかなクラス環境を感じ取ってきました。音読とは、きっと乳児期から保護者や保育者の絵本の読み聞かせなどを通して「声を聴く」ことを繰り返してきた準備を経てきたからこそ始められる学習なのでしょう。そのため学習指導要領でも、「幼児期に生活の中で言葉の響きやリズムの楽しさを味わう経験をしてきていることを踏まえて」と書かれていると考えられます。

音読の評価に関する研究

● SD法による印象評定

　子どもの音読を聴いて感じる印象を、よりわかりやすく数値化したり視覚化したりすることはできないかと、いつも思っていました。

　印象やイメージの測定において、よく用いられるものに、SD（Semantic Differential）法があります。SD法とは、何らかの対象（コンセプト）について、いくつかの対極になる形容詞対（意味尺度）に対して、7段階程度の段階的評定を行い対象の印象を分析する方法です。

　雨宮・水谷（2002）は、役者志望の女性に、さまざまな状況（喜び、悲しみ）などの11種類を想定して「はいそうですね」と発話してもらったものを録音し、大学生に28の形容詞対を用いたSD法尺度で印象を5段階評価してもらう実験をしました。

そこで筆者らの研究グループでも、小学校４年生を対象とした、詩の音読に関するペア学習の効果を調べるため、その学習の前後での一人ひとりの音読をICレコーダーに録音したものを用いて、SD法による印象評定を行いました（鳥海・東原, 2019）。大学生および大学院生計30名に、ランダムな順に再生された音読音声を聞いた印象を形容詞対による７段階のSD法評定用紙に記入してもらうという方法です。

　各参加児童の印象評定の結果、平均値の平均が最も平均的な値（4.0）であった参加児童のペア学習後の音読を代表例とし、この代表例の評定データを用いて主因子法プロマックス回転による因子分析という統計処理を行ったところ、項目のまとまりとして３つの因子が得られました（表3-2-1）。

　第１因子は「変化に富んだ－単調な」や「あっさりとした－情熱的な」（ポジティブな

表 3-2-1　12 対印象評定尺度による因子分析（プロマックス回転後）の結果（N=30）
（鳥海・東原, 2019）

			因子 1 活力	因子 2 快適さ	因子 3 強さ
単調な	－	変化に富んだ	0.80	0.17	0.08
地味な	－	派手な	0.58	-0.15	-0.32
静かな	－	にぎやかな	0.52	-0.05	-0.38
情熱的な	－	あっさりした	-0.43	0.08	0.4
活発な	－	おとなしい	-0.74	-0.01	0.04
個性的な	－	普遍的な	-0.87	-0.04	-0.16
かたい	－	やわらかい	0.23	0.78	0.16
はりつめた	－	ゆったりした	-0.05	0.72	0.08
明るい	－	暗い	-0.17	-0.42	0.34
あたたかい	－	つめたい	0.11	-1.02	0.14
ぼんやりした	－	はっきりした	0.07	-0.01	-0.79
強い	－	弱い	0.19	-0.01	0.96
	因子１　活力		―	0.53	-0.54
因子間相関	因子２　快適さ			―	-0.18
	因子３　強さ				―

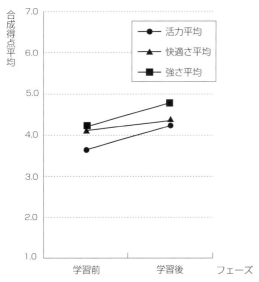

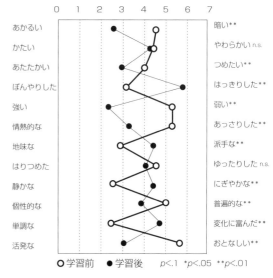

図 3-2-1　全参加児童の学習前と学習後の音読にお
　　　　　ける各合成得点平均の変化

図 3-2-2　女児 A の学習前後の音読に対する学
　　　　　生 30 名の印象評定の平均

ものとネガティブなものをわざと逆転させた逆転項目）といった項目からなり、主に個性や
生き生きとした様子が感じられる音読の印象に関する因子であることから「活力」と名づ
けました。第 2 因子は「やわらかい－かたい」および「暗い－明るい」（逆転項目）など
の項目からなり、聞き手にとって心地よく聞こえる音読の印象に関する因子であることか
ら「快適さ」と名づけました。第 3 因子は、「はっきりした－ぼんやりした」および「弱
い－強い」（逆転項目）といった項目からなり、主に声の大きさや発音の明瞭さから受け
る音読の印象に関する因子であることから「強さ」と名づけました。さらに、これら 3
因子に含まれる項目群における評定値の平均点（逆転項目は点数を 7 から引く逆転処理をし
たうえで）を各項目群の合成得点としました。

　そのうえで、全児童 20 名の合成得点平均の比較に関し分散分析という統計処理を行っ
た結果を図 3-2-1 に示します。

　この合成得点に関する分散分析の結果、「活力」「快適さ」「強さ」のどの項目群でも学
習前より学習後は合成得点平均が上がっており、さらに、「活力平均」や「強さ平均」の
伸びは同程度であり、「快適さ平均」の伸びよりも大きいことが明らかとなりました。

　大久保・西田（2015）は、低学年では大きな声ではっきりと音読するよう指導し、中
学年以降ではプロミネンス（重要な部分を強調して発声する）や間（ポーズ）を工夫した音

読を指導すると述べています。つまり、本研究で言う「強さ」は、「大きな声ではっきりと」音読するという、音読初心者が目指しやすいものであったと考えられます。また、音読ペア学習では、ペアでどのように読んだらよいか話し合うことをしましたが、聞いている相手に詩の内容が伝わりやすいように声の調子や抑揚等（「快適さ」にあたる）について、児童が考え工夫した音読になり、その結果、声に個性が感じられた（「活力」にあたる）のではないかと考えられました。

　今回は小学校4年生の男女10ペア（20ペア）を対象とした学習でした。その中でも学習前と学習後の変化が顕著であったある女児AのSD法評定結果チャートを見てみましょう（図3-2-2）。t検定による統計的有意差がほとんどの項目で示され、より明るく、強く、活発な印象になったことがわかります。

● 音声波形の間（ポーズ）に着目した評価

　余郷（2000）の小学校2年生を対象とした研究では、指導後は指導前よりも「間」の時間が長くなり、意味構造やイメージに即した「間」を取る傾向が認められたと述べています。そこで、東原・鳥海（2019）では、音読の間（ポーズ）を計測し比較する方法で、さきほどの鳥海・東原（2019）で得られた音読音声を、間（ポーズ）の取り方の観点から明らかにすることとしました。

　前述の、SD法による印象評定の結果の変化が顕著であった女児Aが、音読をした詩（「かぼちゃのつるが」原田, 1988）の一部について、音声分析ソフト（NCHソフトウエア Wave Pad ver 7.08）を使用して音声波形に変換してみたのが図3-2-3です。

　IC録音機を置く場所が

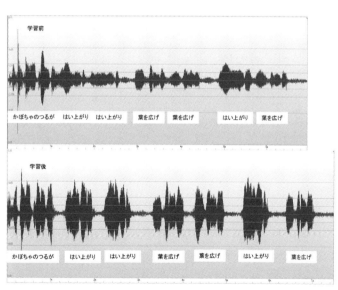

図3-2-3　女児Aのペア学習前（上）と後（下）の音読の音声波形の一部

固定されていたため、女児 A の音声の強さも強くなっていることが明確ですが、さらに意味のまとまりを意識した間（ポーズ）が明確となり、メリハリがついていることがわかります。このことが、前述の印象評定の形容詞対でいえば「単調な」寄りであったのが「変化に富んだ」のほうに移動し、「おとなしい」寄りであったのが「活発な」のほうに移動したというような、印象がかなり変化したことと関連していると考えられるのではないでしょうか。

● 発達障害の可能性のある児童における音読学習の事例

　典型発達の小学 4 年生を対象とした研究で、音読音声を PC で音声波形に変換すると、間（ポーズ）の時間が伸びるなど波形の変化が音読の印象と関係することがわかったところで、筆者の研究室では個別臨床相談においても詩の音読を取り入れてみることにしました。対象は、前述のペア学習研究には参加していない、別の小学校通常学級に在籍する 4 年生の女児 B です。保護者の希望で、筆者のもとで検査実施、および、国語の学習指導を行った事例です。日本版 WISC- Ⅳ知能検査や平素の様子を組み合わせた見立てによれば、本児は状況判断力、言語表現力、視覚分析力が非常に弱いのですが、聴覚的な情報の単純な記憶再生が強いと思われます。また、主人公の気持ちの理解など国語の文章読解には困難を示し、友だち関係にもつまずきがありました。医師の診断はありませんが、発達に偏りのある児童と考えられ、就学前から相談機関に通っていました。ここでは、1 か月に 1 回程度、全 6 回、学習時間の一部を利用した、小学校 2 〜 3 年生程度の詩を用いた音読学習について述べたいと思います。

　毎回の手続きは以下の通りでした。

①B 児が一度詩を音読する。
②指導者の音読を聞いて、B 児が感想を述べる。
③指導者が内容に関する質問をする。理解が不十分であれば、簡単な言葉を用いて指導者
　が説明する。簡単な挿絵の色塗りや、具体物を動かすことでイメージを高めることも
　あった。
④再度、B 児が音読をする。

その結果、学習前の音読に比べて学習後の音読では、間をあけて余韻を残しながら読むことができたり、文のまとまりを考えて読むことができ、強調したりなど読み方に工夫が見られ、登場人物の気持ちを音で表現することができるようになったと考えられました。教材の詩によっても様子は異なります。多くの詩では、最初は内容をイメージしにくく、理解できていないような音読をしていました（言葉と言葉の間に区切れがないなど）が、普段の生活で慣れ親しんでいる「Ｇパン」などの題材では、初めから音読がスムーズにできていたものもありました。内容についてのやりとりでは、対象児がわからない言葉や想像できない場面を、対象児の身近な事柄に置き換えて説明することで理解が深まったと考えられます。

　たとえば、「でんぐりがえり」（くどうなおこ作）という、地球が一回りする「くるん」と太陽に出会う「や！」という言葉が繰り返される詩の音読学習を取り上げてみましょう。最初に詩をＢ児が読んだ後に、この詩でどういうところに気をつけて読めば良いか聞くと難しそうな表情をしたため、筆者が「元気な感じ、怖い感じ、楽しい感じ、明るい感じ、暗い感じ、嫌な感じ」など選択肢を挙げると、「元気な感じ」と答えていました。ボランティアの大学生がお手本として読んだ後、筆者がなぜ「くるん　や」となるかを聞くと、「回っておひさまに挨拶している」と答えたので、内容は理解できたと思われます。そこで筆者は小さなボール２つを両手に持って、地球やおひさまに見立てその詩を再現することにより、一層のイメージ化を試みました。その後、対象児に読んでもらうよう促すと、「くるん　や」の部分が難しいと答えたので、そこの部分だけ練習してみました。まず、筆者が「くるん」、対象児が「や」だけ言うようにし、次にその逆を行い、最後に「くるん　や」をすべて言ってもらいました。その後、再度音読をしてもらいました（図3-2-4）。

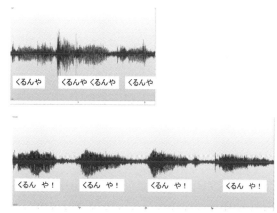

図3-2-4　女児Ｂの「でんぐりがえり」の音読波形の
　　　　　一部（上：学習前、下：学習後）

　初めの音読と内容についてやりとりした後の音読を比較すると、練習の効果もあってか、「くるん　や」をひと

まとまりとして理解して、区切って読むことができるようになりました。図3-2-4の波形を見ると、初めは「くるんやくるんや」と区切らずに素早く言っていたものを、「くるんや、くるん　や、」とリズムよく言えるようになったため、時間も長くなったことがわかります。

　B児は、状況判断や仲間関係につまずきを示す自閉スペクトラム症（ASD）に似た状況です。こういった傾向の子どもたちが物語読解で登場人物の気持ちの読み取りに困難を示すなど教科学習でも苦戦をしており、それは「想像力（イマジネーション）の困難」という特性に関係していると思われます（東原, 2014）。本事例は、詩という感覚的なものを読み取るという本児の苦手課題に向き合うために、聴覚的な情報の単純な記憶再生に強いという特性を生かすことを考えてあえて挑戦した学習指導です。大人の範読を聴いて耳で覚えてもらうことが、この児童にとっては重要だったと思います。内容についてイメージを高めるためのさまざまな手立てを経て、本人が自ら生み出す音読が、学習前よりも高い評価が得られる（活力、快適さ、強さにおいて）ものに成長したことをB児に伝えると、感情をあまり表情に出さないB児も微笑んで嬉しそうにしていました。

　詩の音読の音声に現れる子どもたちの考えが聴き手に伝わるということが、コミュニケーション指導の1つになると考えています。小学生の音読は、前述したように、幼児の音楽やリズムの表現、絵本の読み聞かせなどの多くの体験の上に成り立つことから、子どもの音楽や表現と深い関係があります。

3節　音楽療法を生かした音楽表現

音楽療法の概要

　音楽療法（Music Therapy）とは、日本音楽療法学会によると、「音楽のもつ生理的、心理的、社会的働きを用いて、心身の障害の回復、機能の維持改善、生活の質の向上、行動の変容などに向けて、音楽を意図的、計画的に用いること」と定義されています。音楽が人にもたらす効果を理解し適切に活用しながら、意図と目標をもって働きかけることが音

楽療法であると言えます。

　わが国での音楽療法は主に障害児・者、高齢者、精神疾患患者等を対象に行われており、参加者の人数によって、個人セッションと集団セッションとに分けられます。加えて、その手法として、音楽の聴取を主体とする「受動的音楽療法」と、クライエントが実際に音楽表現をする「能動的音楽療法」に大きく分けられます。この中にもさまざまな考え方とアプローチがあり、一口に音楽療法といっても多様な形態が存在します。

　音楽での働きかけの根幹となる理論として、「同質の原理」（Altshuler, 1954）と「異質への転導」（村井 , 1995）と呼ばれるものがあります。人の気分状態に対して質の異なる音楽は拒否されやすい一方で、質の近い音楽は受け入れられやすい（同質の原理）ことを利用し、その瞬間に即した音楽を共有するプロセスを経たうえで、望ましい質を含んだ音楽へと徐々に移行（異質への転導）していきます。

音 楽 療 法 の 基 本 的 な 姿 勢

　適切な治療関係を築くために、セラピストとクライエントは、音楽療法以外の場での関わりを避けることが原則となります。そのため、保育者がふだんの関わりの延長線上で音楽療法そのものを実践することは困難であると言えますが、その考え方は、保育活動と共通する点が多分にあると考えられます。

　子どもたちは、音楽活動の場面以外でも、遊具などを叩いて生じる音を楽しんでいたり、飛び跳ねる動作の中に一定のリズムを伴っていたりすることがあります。音楽療法では、こうした子どもたちの動作に付随している音楽性をきっかけに活動を展開していく場面がしばしば生じます。声や楽器で一緒に遊ぶ中で音楽的な共同作業へと発展させることは音楽療法のアプローチの１つですが、保育活動において子どもたちの遊びを展開させる働きかけとも共通する視点が含まれていると言えます。

　そのうえで、音楽療法では目標とする演奏をクライエントに求めるのではなく、クライエントの姿や状態に合わせた音楽をセラピストが提供することが基本的な姿勢になります。治療的なニーズを加味しながら、オーダーメイドとも言える音楽をクライエントとの関わりの中で展開していきます。

● 音楽療法における関わりの一例

　実際の音楽療法場面について、過去の事例に基づいた1つの参考例を紹介したいと思います（表3-3-1）。

　参考例はセラピスト（以下Th）1名、クライエント（以下Cl）1名の一対一で行われる個人セッションとします。Clは5歳女児ダウン症で、一語文の発語があり、大人からの声掛けも大まかに理解できる場面が見受けられる程度の発達状況と想定します。ここでは即興演奏を主体とする創造的音楽療法のアプローチをもとに、ThとClがピアノの連弾を行っています。ピアノの低音域側にTh、高音域側にClが横並びで座り、Clが先にピアノを鳴らし始めます。

　以後のClとThのやり取りについて、セッションの進行に沿った概要を表3-3-1に記述しています。セッション場面の解説と見比べながら読み進めてみてください。

　参考例の中ではピアノのみを用いていますが、やりとりの流れによっては、ここにお互いの歌声が加わったり、Clがピアノから離れて別の楽器や身体表現を始めたりといったこともしばしば生じます。Thは、音楽によってClにどのような作用が働き、次にどのような体験をもたらしたいのかについて常に感知しながら、活動を展開していきます。

表3-3-1　音楽療法における関わりの一例

セッションの進行		セッション場面の解説
クライエント（Cl）の姿	セラピスト（Th）の行動・対応	
ムスッとした表情で、苛立ちをぶつけるかのように手のひらで白鍵を繰り返し叩いてピアノを鳴らす。	短調の進行でClの弾く音にビートを合わせ、低音を重く伸ばしながら応じる。	Thは音楽を通して腹立たしさを共有しながらも、Clの苛立ちを強化しないよう意識状態を維持するために、低音域ではずっしりとした音で応じます。
黙々とピアノを叩き続ける中、次第に手の動きが加速していく。	Thも音楽の雰囲気を維持しながらテンポを追従させつつ、並行して中音域で短く鋭くコードを鳴らす。	ThはClの加速から、ここまでの音楽の重さだけでは今の気分を表現しきらないという意思を汲み取り、中音域での補強を図ります。
次第に、鍵盤を上から押さえつけるような弾き方に変化する。	先ほどまで重く伸ばして弾いていた低音を止め、中音域でビートを維持しながら音数を減らした分散和音で応じる。	Clの弾き方の変化は、Thが弾いていた低音域の模倣と捉えられます。Thはあえて低音域を弾かないことでClに役割を譲るとともに、Clの音を引き立たせます。

しばらく即興を続けると、ピアノを鳴らすペースが次第に低下していく。	短調の調性を維持しながらも、やや柔らかい音色で低音域を加えて分散和音の演奏を続ける。	CIの音が際立ったことで、CIは自身の振る舞い（演奏）のフィードバックをより強く受け、客観視が促されることになります。苛立ちが即興演奏で充分に表出されたことと併せ、CIは次第に落ち着きを取り戻し、演奏の勢いが低下します。
次第に鍵盤を指の腹で優しく押さえるような弾き方に変化する。	ピアノのペダルを加えながら分散和音のテンポを徐々に緩やかにしていく。	Thは、CIに生じる苛立ちと落ち着きとの葛藤に寄り添いながら、徐々に穏やかな音楽へ移行し、沈静化する方向づけをします。
ゆっくりと鍵盤を押さえたまま保持する。	緩やかな即興を続けた後、終止のコード進行を提示する。	CIもその雰囲気を受け入れるように弾き方を変化させ、Thとの間合いを図りながら演奏を終結させます。
保持した音を味わうように鳴らした後、鍵盤から手を放す。落ち着いた表情で、静かに演奏の余韻を感じているようであった。	ペダルを保持し残響を充分に鳴らした後、CIが鍵盤から手を離すタイミングに合わせてペダルを外し、演奏を終結させる。	

　ただし、冒頭にも述べた通り、音楽療法にはさまざまな考え方とアプローチがありますので、紹介したものはあくまでも一例であることをご理解ください。

保育における音楽活動への応用

　次は既成の楽曲を用いる場合について、保育活動の場面を想定しながら、音楽療法の視点を踏まえた選曲のポイントや活動例を紹介します。まず、音楽療法において子どもたちを対象とした選曲の目安は表 3-3-2 の通りです。

表 3-3-2　子どもたちを対象とした選曲の目安

予測がしやすいこと	メロディ	同じ音型が繰り返される 覚えやすく歌いやすいフレーズである
	リズム	複雑でなくシンプルなビート 覚えやすいリズムが繰り返し用いられている
	コード進行	主要三和音を中心とした、複雑でないもの
役割がわかりやすいこと	歌詞の構造	楽器や強弱、役割や順番などの表現方法が歌詞で明示されている
	楽曲の構造	フレーズの合間に手拍子や合いの手など、音を出す「間」が設けられている

表 3-3-3　子どもたちを対象とした音楽療法場面で用いられる楽曲の例

楽曲名	歌手名（作詞・作曲）等
大きなたいこ	（小林純一作詞・中田喜直作曲）
幸せなら手をたたこう	坂本九（きむらりひと訳詞・スペイン民謡）
北風小僧の寒太郎	（井出隆夫作詞・福田和禾子作曲）
山の音楽家	（水田詩仙訳詞・ドイツ民謡）
バスに乗って	たにぞう（谷口國博作詞・作曲）
ドレミのうた	映画サウンド・オブ・ミュージックより（ペギー葉山訳詞）

表 3-3-4　楽器活動「大きなたいこ」

対象児学年	年少〜
人数	少人数（全員に順番を回すことのできる人数）
活動のねらい	大小の楽器と音を区別し、運動をコントロールする 楽器の提示に注意を向け、理解して聴き分ける
使用する楽器	フロアータム、コンガなど（大きな太鼓）／スネアドラム、ボンゴなど（小さな太鼓）／ピアノ（保育者）
活動の流れ	遊び歌「大きなたいこ」を用いた、太鼓を叩く活動です。保育者はピアノの弾き歌いで演奏し、子どもたちは太鼓を担当します。楽器に不慣れな子どもや、順番を待つことが難しい発達段階の場合は、一人ずつ行います。年齢が上がるにつれて、大きな太鼓と小さな太鼓をそれぞれ別の子どもやグループが担当し、協働の活動とすることもできます。
活動の展開	活動を繰り返す中で、テンポや音量に変化を設けながら提示することで、子どもの叩き方にバリエーションが生じていきます。また、活動に慣れてきたら、歌詞の「大きな太鼓」「小さな太鼓」の順番をフェイントとして入れ替えて提示したり、一方を繰り返したりしながら、子どもたちの聴き分けや集中を促します。

表 3-3-5　身体表現「幸せなら手をたたこう」

対象児学年	年中〜
人数	20 名程度（少人数でも可）
活動のねらい	動作を聴き分け、使い分ける 自由な発想で動作や構成を作り、共有を楽しむ
使用する楽器	ピアノ（保育者が少ない場合は不要）
活動の流れ	「幸せなら手をたたこう」の歌詞をアレンジしながら、ボディパーカッションや身体表現を促す活動です。保育者は子どもたちの前に立って歌いながら動作のモデルになります。 もう一名の保育者がピアノの伴奏で加わることもできます。動作に合わせて音域や弾き方を変えることで、子どもたちの身体表現が更に引き出されます。 本来の歌詞にも、幸せなら「手をたたこう」「足ならそう」「肩たたこう」と様々なバリエーションがありますが、更に「笑いましょう」「ジャンプしよう」といった歌詞に変えて保育者が歌いかけ、子どもたちは歌詞に応じた動作を行ないます。
活動の展開	活動の最後には「幸せなら最初から」の歌詞で歌い、ここまで行なってきた動作を一つずつ順番に、再度行ないます。 活動に慣れてきたら、歌詞をどのように変えるのかについて子どもたちにも提案してもらいます。活動前や間奏中などに「次はなにがいい？」と投げかけ、子どもたちのアイデアを取り入れながら活動を進めます。 最後に全ての動作を繰り返す中では、保育者も含め、動作を間違えてしまうこともありますが、こうしたミスや難易度を楽しみ共有することもまた、活動の面白さとして捉えることができます。

　表 3-3-2 のような予測性や役割の明確性といった要素は、子どもたちが音楽に対する見通しを立て、主体的に参加しやすくなるために大切な点です。またこれらは活動を展開する際にも、次にどのような音楽表現をするのかをイメージする土台となります。具体的な楽曲の例としては、表 3-3-3 の通りです。

　これらは子どもたちがふだん耳にする機会も多く、活動に応用しやすい楽曲であると言えます。活動の実践例として「大きなたいこ」（表 3-3-4）、「幸せなら手をたたこう」（表 3-3-5）、「北風小僧の寒太郎」（表 3-3-6）を紹介しますので、参考にしてみてください。

　そして、既成の楽曲を用いる際の注意点についても触れたいと思います。堀（2013）は音楽療法活動において、「画一的な実践を行なうことには高いリスクが伴う」ことを述

表 3-3-6　パラバルーン「北風小僧の寒太郎」

対象児学年	年少〜
人数	パラバルーン（図 3-3-1）が持ち上げられる人数（パラバルーンの大きさに応じて、15 〜 30 名程度）
活動のねらい	集団での協働の力を育む パラバルーンの大きな動きから解放感を味わう
使用するもの	パラバルーン（スカーフなどの薄手の大きな布でも可） ピアノ（保育者が少ない場合は不要）
活動の流れ	「北風小僧の寒太郎」に合わせて、集団でパラバルーンを操作する活動です。子どもたちは輪になって、それぞれパラバルーンの端を持ちます。年少児など集中の逸れやすい集団は座って行います。保育者は子どもたちの輪に加わってパラバルーンを持ちながら歌います。 もう一名の保育者がピアノ伴奏で加わり、パラバルーンの動きに合わせて表情豊かに弾くことで、子どもたちの表現や解放感をより大きなものにすることができます。前奏や歌い出しの間は、皆で歌いながらパラバルーンを小刻みに揺らします。後半の「ヒューン」の箇所に合わせて、パラバルーンを持ち上げ膨らませます。 曲の終わりには、再びパラバルーンを揺らして歌い、テンポや声量を落としながら、全員でゆっくりとパラバルーンを床に下ろしていきます。
活動の展開	パラバルーンを持ち上げる「ヒューン」の箇所で、向かいのお友だちと顔を見合わせるよう声を掛けることで、より大きな動きが促されます。ここでテンポを緩め、「ヒューーーーン」と長く伸ばして歌ったり、ピアノ伴奏がある場合はアルペジオ奏法でコード音を上向させたりすることで、音楽との一致感が強まります。 数名ずつ順番に輪の中心に入り、内側からパラバルーンの動きを見ることで、質の異なる解放感を味わうことができます。

べています。保育中の活動においても、子どもたちの発達状況や、自閉スペクトラム症児・気になる子どもの割合によっては、活動の難易度を下げたり、人数を減らしたりするなどの配慮が必要になります。

　また、実践の中で子どもたちから生じた発想や展開を取り入れ、その場ならではの活動にアレンジしながら活用してみてください。

「なにを」「どう」表現しているか

　音楽療法においては、場面場面におけるクライエントの表現がどのような意味をもつのか、応じるセラピストの表現が適切であるのか、意図した通りにクライエントに届いているのかといった、リアルタイムの見極めが求められます。その手がかりとなるのが、両者が「なにを」「どう」表現しているかという視点です。目に見えるクライエントの表現と、それに応じてセラピストが選択する音楽のジャンルや楽曲、楽器などといった「なにを」という視点と併せ、その音量や音色など音楽全体の質感、表情や身体表現の度合いなど、総合的な表現の質を考える「どう」の視点から、関わりの全体像を客観的に捉えるのです。

　これは、保育活動にも共通して求められる視点であると考えます。子どもたちの表現に含まれている意図や想いが汲み取れているのか、保育者から発する表現が子どもたちにどのように届いているのかといった、互いの表現の質に対する鋭敏さは、子どもたちの音楽体験をよりよいものにするために大切な資質の1つと言えます。

図 3-3-1　パラバルーンを用いた活動の様子

コロナ禍の"こいのぼりプロジェクト"でつながった心

　新型コロナウィルスによる「緊急事態宣言」の影響で令和２（2020）年の４月・５月は休園となり、小さな子どもを抱えた子育て世代には大きな不安と負担が伸しかかりました。

　休園中、さまざまな園が手紙や教材等を郵送したり、動画を配信したりして園と家庭との繋がりを試行錯誤していました。本園に関しても、４回郵送で手紙や教材等を送りましたが、家庭の状況はざまざまなので保護者の負担にならないよう以下の３点を意識して内容を選びました。

①親子で楽しめるもの（宇宙の学校で使用していた実験や観察ができるテキスト）
②子ども１人でもできるもの（年齢に合わせた描画教材等）
③保護者の負担軽減、リフレッシュにつながるもの（レシピ本・ストレッチやアロマの紹介等）

　この３点が入るよう教員間で話し合いながら手紙や教材を郵送し、その他にも園のオリジナル体操や季節の歌を動画にまとめたものを配信、手作りマスクや園案内をテーマにした手作りすごろく等、休園でも園が身近に感じられるよう工夫しました。

　３回目の郵送物を考えている頃はちょうど５月の連休に差しかかるころで、通常に園生活を送っていれば園庭にはこいのぼりが元気よく泳ぎ、クラスからは「こいのぼり」や「せいくらべ」の歌が聞こえたり園児が製作したこいのぼりが飾られたりしています。ところが、休園中のため園児の歌声が聞こえるわけもなく閑散としており、胸が締め付けられる寂しさでした。そのような気持ちの中から案が出たのが、家庭で作ったこいのぼりを園に送ってもらい、登園できる日まで飾っておく"こいのぼりプロジェクト"でした。赤ちゃんから小学生等幅広い年齢が作れるようこいのぼりの作り方を集めて郵送をしたところ、作品とともに作っているときの様子の写真や、このプロジェクトの感想をしたためた手紙が続々と園に届きました。送られてきたこいのぼりは何日かにまとめて写真を撮ってホームページに掲載し、多くの家庭といつ

もとは一味違った"こいのぼり"を共有することができました。

　6月から始まった新年度で、園児たちを最初に出迎えてくれたのはこいのぼり。しばらく立ち止まって作品を眺めたり自分のものを探したりする姿が見られました。一緒に眺めていると年中・年長児はいつの間にか「屋根よーりたーかーい」とこいのぼりの歌を口ずさんでおり、こいのぼりプロジェクトを通じて園と家庭の心がつながっていることを感じることができました。

子どもの音楽表現活動
—— 歌唱と器楽

第4章

1節　子どもの歌の歴史

　みなさんが子どもの頃、慣れ親しんだ「子どもの歌」は何でしょうか。筆者の場合、長年心に残っている歌があります。それは、筆者が幼い頃、大正14年生まれの母より七夕の季節になると聞かされ歌っていた「七夕さん　酸漿取ってもだんないか（七夕さん　ホオズキとってもいいですか）」という歌でした。調べてみると、北原白秋編昭和25年発行の（1950）『日本伝承童謡集成第5巻 歳時唄・雑謡篇 近畿地方・兵庫』に分類され掲載されていました。歌詞は次のようなものです。

　七夕さん　酸漿（ぬかづき）（＝ほおづき：ナス科の植物、赤い六角形の実で鳴らすことができる）取ってもだんないか、子供のことならだんない、だんない

　それぞれの家で飾られている七夕の飾り物を、歌を歌いながら各戸を回り、いただいて来るのが当時の子どもたちの楽しみだったと聞いていました。このように、日本の子どもの歌は、子どもたちの遊びや楽しみに寄り添った生活の中で育まれ、世代を越えて今日まで人々の心に生き続けているのです。

黎明期の日本の歌

　近代日本の洋楽は、嘉永6（1853）年米国提督ペリーが2組の軍楽隊を引き連れて日本に来航したことから始まります。その後、日本が最初に輸入した洋楽は、洋式軍隊調練の鼓笛楽（横笛・小太鼓・大太鼓）でした。安政3（1856）年『西洋行軍楽鼓譜』の刊行、続いて『和蘭1861年式太鼓教練譜』が刊行され、ほとんどの大藩は鼓笛楽を調練に用いていたと言います。このように日本では、明治維新後、陸海軍の軍楽隊が新しい音楽の先

駆となり、邦楽とはまったく縁故のない地方の青少年が、日本を強くする目的で西洋の音楽と向き合いました。現存する最初の軍楽隊演奏曲目記録によると、速歩行進曲・ボレロ舞曲（バルセロナ）・ポルカ舞曲（鍛冶）等が演奏されました（堀内 , 1977）。

　その後、教育制度の発展とともに文部省が明治4（1871）年に創設されました。日本の小学校教科目として「唱歌」が設けられたのは学制が頒布された明治5（1872）年であり、全国の小学校で「唱歌」が歌われるようになったのは、大正15（1926）年頃のことだと言われています。日本の歌の歴史をさかのぼるに、学校音楽の果たした役割は大きく、その後の日本の歌の発展に大いに貢献しました（詳細は「歌唱の歩み」参照）。さらに、日本の歌の歴史において重要な役割を担っていた外国の曲や愛唱歌・讃美歌等に日本語の歌詞を付けて歌う「替え歌」が作られました。このことがあって、当時の日本の社会で日本の伝統的な音楽とは無縁の西洋音楽が短期間に定着し、近代の歌の原型になるに至ったのではないかと、藍川（1998）は推察しています。他方、小島（2004）は、日本にヨーロッパ音楽が輸入されてからの音楽作品を分析した結果、明治33（1900）年頃からヨーロッパ音楽の古典やロマン派の作品スタイルを追い求めた芸術作品らしい作品が発表され、この第一期に対して第二期、大正7（1918）年頃より日本人らしい伝統性を生かした表現を求める動きが表面化してきたこと、そして第三期昭和3（1928）年と近代主義的な表現が強く現われてきたことを指摘しています。こうした近代洋楽史の動きの中で、まさにその第二期と時期的に重なって始まり、終わったのが童謡運動であり、その主観的意図も、この芸術音楽の第二期の作品の目指した方向と重なっていました。また日本近代の音楽史に根本的な影響を与えた教育音楽史にとっても、童謡運動はきわめて大きな影響を与えたことを小島は著書『日本童謡音楽史』で指摘しています。

　このような日本の音楽史の流れを経て、鈴木三重吉が「童謡」という語に「子どもに向けて創作された芸術的香りの高い歌謡」と意味づけした『赤い鳥』の童謡は、この時期に始まった「童謡運動」（「自国の音楽伝統を無視して一方的に洋楽を押し付けられた民族の美感の揺り戻し現象」（藍川 , 1998））と重なり、きわめて日本の音楽史に与えた意味は大きく、その後の「子どもの歌」の発展に力を与えました。このような時代を経て子どもの歌は「唱歌」「童謡」「わらべうた」として私たちの生活に密着し、日本の自然や情緒を伝えています。

唱歌の歩み

　明治政府は近代的学術教育担当官庁・文部省を明治 4（1871）年 7 月に創設、さらに明治 5（1872）年 8 月に学制が頒布され、小学校の教科目として「読本」「修身」「算術」「体術」そして「唱歌」が設けられましたが、当時は教師も教材もなく「当分之ヲ欠ク」との但し書きが付けられていました。その頃わずかに日本では、キリスト教の私塾的な学校で、讃美歌や英語唱歌の洋楽が課外で教えられていました。その後、全国の小学校で「唱歌」が歌われるようになったのは、大正 15（1926）年頃とされています。しかし、唱歌教育の試みは、明治 7（1874）年には、愛知師範学校長の伊沢修二（1851 ～ 1917）が「遊戯唱歌」を、明治 10（1877）年には東京女子師範学校附属幼稚園が「保育唱歌」（東京女子師範学校の唱歌科の唱歌教材として式部寮雅楽課にその創作を依頼したもの）を実践しています。

　明治政府のもと文部省は、愛知師範学校長の伊沢修二を、明治 8（1875）年から明治 11（1878）年まで、アメリカのブリッジウォーター師範学校に留学させて、近代西洋音楽や音楽の実態を学ばせました。伊沢の帰国後、明治 12（1879）年 10 月文部省内に「音楽取調掛」が設置され、東京師範学校長伊沢修二が御用掛を拝命しました。伊沢は、「東洋と西洋の音楽を折衷して国楽を起こすこと」を基本とした、唱歌教材の編集と音楽教師の育成機関の必要性を文部省に訴え、彼の師であるメーソンを日本に招聘し、ともに明治 14（1881）年～明治 17（1884）年にかけて小学校用教材『小學唱歌集』（全 3 巻）の編集に携わりました（図 4-1-1）。しかしメーソンは明治 15（1882）年に解任され、全巻の出版を見届けることはありませんでした。明治 14（1881）年、音楽取調掛編著『小學唱歌集・初編』では、楽譜（旋律譜のみ）が付いて、冒頭には音感教育の基本練習が掲載されていました。曲目では、欧米の民謡や愛唱歌などに日本語の歌詞をつけた、「みわたせば」（ルソー原作。のちの「むすんでひらいて」）、スペイン民謡「蝶々」、スコットランド民謡「蛍」は「蛍の光」と改題、第 2 編（明治 16 年発行）ではドイツ民謡「霞か雲か」、第 3 編（明治 17 年発行）では作者不詳「あおげば尊し」、スコット作曲「才女」（のちの「アニーローリー」）、アイルランド民謡「菊」は「庭の千草」と改題、こうして並べてみると、今日まで歌い継がれている曲は、外国曲に日本語の歌詞をつけた歌が多く歌われています。

曲目　蛍（蛍の光）

図 4-1-1　文部省音楽取調掛編纂『小學唱歌集・初編』

しかし、小学生にとって文語調の歌詞は理解が難しく、内容も修身教育の色合いが濃く当時の小学生にとっては、歌いにくかったと思われます。

　明治 30（1897）年代になると、新しい民間の唱歌が出版され、いずれも教材として使えるように文部省の検定をうけていました。「汽笛一声新橋をはや我が汽車は離れたり……」の歌詞で馴染み深い「鉄道唱歌」、「まさかりかついできんたろう」の「きんたろう」、「むかしむかしうらしまは」の「浦島太郎」などの《幼年唱歌》等が出版され、唱歌が日本人にとって、平易で親しみやすく受け入れやすい歌へとなってきました。

　明治 34（1901）年、文部省音楽取調掛より明治 20（1887）年に改称された東京音楽学校が編纂した『中学唱歌』が発行されました。懸賞募集形式で集めた中には、滝廉太郎作曲「荒城の月」「箱根八里」「豊太閤」が掲載されています。同年、幼児の曲に日本で初めて伴奏が付けられた唱歌集、滝廉太郎編「幼稚園唱歌」には、「鳩ぽっぽ」「水あそび」「お正月」等、20 曲が、1900 年代に始まった、子どもでも分りやすい口語体の詩で作られた**言文一致**の歌詞に、平易で美しい伴奏譜で掲載されています。

　明治 35（1902）年頃より、音楽の教育現場においても文学界の言文一致運動に伴い、これまでの文語体の歌詞から口語体の歌唱へと切り替える必要性や、教科書の学年別程度に応じた歌詞内容への系統的編纂が考えられるようになりました。明治 36（1903）年、田村虎蔵（1873 ～ 1943　音楽教育家・作曲家）が中心となって『幼年唱歌』『少年唱歌』が発行され、物語が題材の「ももたろう」や「うさぎとかめ」が作られました。

表 4-1-1　小学校学習指導要領（平成 29 年告示）解説
音楽編・共通教材《唱歌・わらべうた》

曲　名	作詞者	作曲者	取り扱う学年	
『うみ』	林　柳波	井上武士	文部省唱歌	第 1 学年
『かたつむり』	―	―	文部省唱歌	
『日のまる』	高野辰之	岡野貞一	文部省唱歌	
『ひらいたひらいた』	―	―	わらべうた	
『かくれんぼ』	林　柳波	下総皖一	文部省唱歌	第 2 学年
『春がきた』	高野辰之	岡野貞一	文部省唱歌	
『虫のこえ』	―	―	文部省唱歌	
『夕やけこやけ』	中村雨紅	草川　信		

　明治 36（1903）年、小学校令の一部改正により、文部省において著作権を有し、唱歌
の編集を自ら行いました。明治 43（1910）年『尋常小學讀本唱歌』が刊行され、「ふじの
山」「春が来た」「虫のこえ」「われは海の子」などの日本人による新作が掲載されました。
次に刊行された文部省著作の教科書『尋常小學唱歌』は明治 44（1911）年から大正 3
（1914）年までの 4 年間にわたり 1 学年用から 6 学年用まで 6 冊刊行され「紅葉」「雪」
「鯉のぼり」「海」「冬景色」「朧月夜」「故郷」など広く文部省唱歌として日本人に親しま
れた曲が多く掲載されていました。編纂においては、作詞（歌）委員は、芳賀矢一以下 8
名、作曲委員は湯原元一以下 8 名が任命されました。文部唱歌は作詞、作曲者が当時の
文部省の方針で氏名は明記されていませんでした。戦後の昭和 22（1947）年より明記さ
れるようになりましたが、作者不明の曲があります。
　明治 14（1881）年、日本で初めての唱歌集が作られ、現在、文部省唱歌といわれるも
のは、昭和 19（1944）年までに文部省が編纂した教科書に掲載されている歌を指してい
ます（表 4-1-1）。

童謡の歩み

　童謡という語は古くまでさかのぼれば、時世を風刺した流行歌の「童謡・わざうた」と呼ばれ、子どもの歌ではありませんでした。「童謡」と言う語が、子どもの歌の意味で人々に使われるようになったのは、江戸時代に入ってからです。それは、浅草覚吽院の修行僧・行智（1778 ～ 1841）が、わらべうたを集めた、行智編『童謡集』（近世のわらべうたを系統的に集成して分類したもの・子守り歌・鬼わたし・羽根つき歌・まり歌・遊戯歌等）からとされています。その後、童謡の語は「子どもの歌」を意味するものとして使われるようになり、近世においてそれが定着していきます。しかし、その場合の「子どもの歌」は、子どもたちが集団的に生み出し、継承する「わらべうた」を意味していました。明治に入ると、文献で残されているのは明治 17（1884）年、音楽取調掛が編んだ「音楽取調成績中間報告書」の中に「童謡」の文言が使われています。明治から大正にかけての時代の「子どもの歌」は唱歌が主に用いられ、童謡は一般的ではなかったのです。

　こんな時代背景を憂い、鈴木三重吉（教育者・小説家）は、児童芸術雑誌『赤い鳥』を創刊しました。このことにより童謡の黄金時代が築かれ、『赤い鳥』童謡は子どもの、芸術的な創作童話として、西條八十の「かなりや」を始めとして現在まで受け継がれている多くの童謡が作曲されました。

『赤い鳥』 童謡

　鈴木三重吉により創刊された児童芸術雑誌『赤い鳥』は、その創刊に際して「童話と童謡を創作する最初の文学運動」と題して**「世間の小さな人たちのために、芸術として真価ある純麗な童話と童謡を創作する最初の運動を起こしたいと思ひまして、月刊雑誌『赤い鳥』を主宰発行することにしました」**と創刊への趣旨を述べています。

　童謡を**「子どものための芸術的な歌」**と明確に位置づけたのは『赤い鳥』の創刊が最初であり、以後、童謡という語が日本に定着していきます。

　『赤い鳥』が雑誌の冒頭に作曲された童謡を掲載した雑誌のスタイルが、当時の人々の人気を得て、雑誌『金の船』では大正 8（1919）年 11 月、若山牧水作曲の童謡「秋のと

①創刊号：
第1巻第1号
（大正7年7月号）

②「かなりや」掲載号：
第2巻第5号
（大正8年5月号）

③鈴木三重吉追悼号：
第12巻第3号
（昭和11年10月号）

図 4-1-2　雑誌『赤い鳥』

（『赤い鳥』復刻版　日本近代文学館 編集・刊行 ほるぷ）

んぼ」を楽譜付きで掲載し創刊号を発表しました。このスタイルは、大正時代初期に童話童謡雑誌のあり方の1つとしてパターン化されていきました。

　『赤い鳥』の童謡掲載は大正8（1919）年5月号第2巻5号「かなりや」（西條八十作詞、成田為三作曲）から始まり、昭和4（1929）年4月〜昭和6（1931）年3月までの休刊を経て、昭和8（1933）年4月号第5巻4号「鴨と漁師」（北原白秋作詞、草川信作曲）で童謡の掲載を終了しています。

　雑誌『赤い鳥』はその後、鈴木三重吉が亡くなった年の昭和11（1936）年10月号追悼号まで刊行され終刊となりました。童謡掲載のある号刊は、大正8（1919）年5月号から昭和8（1933）年4月号までとなり、合計145冊発刊されました。

●『赤い鳥』童謡の代表的作曲家

成田為三（1893 〜 1945）　童謡「かなりや」の作曲で『赤い鳥』童謡の第一歩を踏み出した功績は大きく、「かなりや」の曲全体はヨナ抜き長音階（音階の第4度ファと第7度シを外した音階）であるが、クライマックスが歌曲風であること、さらに拍子の変化と後半の伴奏に短六度が効果的に使われていることにより、それまでの唱歌に新しい風を吹き込み、違った印象を人々に与えました（小島 , 2004）。「赤い鳥小鳥」（北原白秋作詞）は、前奏を入れて8小節の単純なヨナ抜き長音階の短い童謡ですが、子どもたちに現在も歌い継がれています（115頁、日本の旋律参照）。

草川　信（1893 〜 1948）　成田為三と草川信はともに明治26（1893）年生まれで、東京

音楽学校甲種師範科を大正6（1917）年に卒業。成田はピアノ専攻で、草川はバイオリン専攻で、そのため草川はバイオリニストらしい旋律性が豊かで、柔軟な感覚を活かした曲作りをしています。今日まで歌い継がれている「夕焼小焼」「どこかで春が」等を作曲しました。

弘田龍太郎（1892～1952）　弘田が『赤い鳥』童謡で発表した曲は「こんこん小山の」「鳥の巣」「なつめ」等、全6曲です。弘田の音楽的特徴は、ヨナ抜き短音階（ラシドミファラ）で書かれている曲が多く、なかでも「あした」（清水かつら詩）の曲は、感傷的な詩に加えて、ヨナ抜き短音階の旋律により歌詞の抑揚が生かされて、日本人の心情に寄り添える要素をもっています。

わらべうたの歩み

　「わらべうた」とは、日本の伝統文化の中で伝承されてきた、遊びを伴う歌を指しています。かなり古い時代より子どもたちの遊びの中で自然発生的に生まれ、地域や家庭、そして人から人へと伝承されてきた子どもたちの文化でもあります。その特質は、子どもたちの毎日の生活や遊びの中で歌われ、その曲の作詞者、作曲者は明確でないことが多く、歌い継がれていく中で歌詞や旋律、リズムなどが変化して歌われています。小泉（1994）は、戦後のわらべうたの変遷について、既成曲の何かの一部を利用したものが圧倒的に多いと述べたうえで「個々のわらべうたの創作は常に子どもの口から口へと伝播し、世代から世代へと伝承していく過程で、集団的に創造されるものがもっとも自然なタイプである」と、わらべうたには決定版のないことを指摘しています。

　わらべうたは、歌が単独で歌われるというよりも、日常生活の中での地域やその土地の言葉、文化とも深く関わり、2音節がひとかたまり（音楽的には1拍）になりやすい日本語の基本的なリズムや、音楽構造も2音ないし3音といった限られた構成音による楽曲もあり、子どもたちの音楽感覚や生活感覚にとって自然な歌と言えます。

　《日本音楽の分類》によると日本の音楽は芸術音楽・宗教音楽・民族音楽に分類され、その中の民族音楽（わらべうた・子守り歌・民謡・郷土芸能）に属するわらべうたは、民族のもつ基本的な音楽要素や音楽感覚が旋律の中に織り込まれています。わらべうたの伝承について小島（1986）は「自分が、わらべうたを伝承していることには、ほとんど無意

識である。子どもを日本語であやす段階から、自然にわらべうたの音階やメロディやリズムに近づき、ごく無意識のうちに、わらべうたを子供に教えている。"〇〇ちゃん" とくりかえし呼ぶと、もう基本的なメロディ、音階、リズムなどがそこに現われる」と生活の中で育まれるわらべうたの芽生えが、自然に伝播されていくことを解き明かしています。

「わらべうた」を通した小学校との連携

　新しい『幼稚園教育要領』（2017 年 3 月告示）領域「環境」の内容に、初めて**「わらべうた」**の文言が取り入れられました。日本の歌は、多くの人々に親しまれ、人々の生活や心情と深い関わりをもちながら、世代を越えて受け継がれてきたわが国の音楽文化です。日本の季節や自然などの風情や美しさを感じとり、大切にしてきた日本人の感性が息づいている音楽でもあります。

　なかでも、わらべうたは子どもたちの身体活動を伴った遊びの歌であり、『幼稚園教育要領』における 5 領域「身体」や「表現」、さらに、仲間同士の「人間関係」やコミュニケーションのために必要な「言葉」との関わりも有していると言えるでしょう。

　領域「環境」の内容

　（4）「文化や伝統に親しむ際には、正月や節句など我が国の伝統的な行事、国歌、唱歌、**わらべうた**や我が国の伝統的な遊びに親しんだり、異なる文化に触れる活動に親しんだりすることを通じて、社会とのつながりの意識や国際理解の意識の芽生えなどが養われるようにすること。」

　「小学校指導要領」には小学校と幼稚園との接続において、「幼児期の終わりまでに育ってほしい姿」との関連への配慮が求められています。遊びを通した子どもの社会と結びついているわらべうたは、小学校と幼稚園との連携において、無理のない教材と考えられます。

わらべうた構成音階

　1 つのまとまった様式の音楽の中で使われている音を、すべて音高順にならべると音階

になります。わらべうたの中でも一番簡単な例として、隣り合った2つの音だけで構成されている曲もあります（どれにしようかな かみさまのゆうとおり）。きっとどこかで、聞いたり歌ったりしたことがあると思います。

（1）　2音旋律

隣り合った2つの音からなる旋律です。長2度間隔で隣り合う2音からなる旋律は必ず高いほうの音で終わります。

（2）　3音旋律

① 3つの音からなる旋律です。隣り合う3音からなる旋律は、必ず真ん中の音に終わります。

② 3つの音からなるわらべうたです。両端の音は完全4度をなしています。

● 日本の旋律

（1）ヨナ抜き音階　ヒフミヨイムナ（一二三四五六七）のヨナ（四七）抜きの音階

①長音階

主音のドから数えて4番目の音（ファ）と7番目の音（シ）が抜けています。（「上を向いて歩こう」「北国の春」「男はつらいよ」など）

②**短音階**

主音のドから数えて4番目の音（ファ）と7番目の音（シ）が抜けています。（「五木の子守歌」「花嫁人形」「美しき天然」など）

（2）**都節音階**（みやこぶし）

箏曲や三味線音楽によく用いられる音階です。陰音階とほぼ同義です。（「さくら」「子守り歌」（ねんねんころりよ…）など）

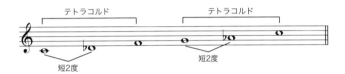

（3）**琉球音階**

沖縄音階とも呼ばれ、主に沖縄の音楽に用いられる音階です。近年ではJ-Popなどにも用いられています。（「谷茶目」（たんちゃめ）「てぃんさぐぬ花」など）

（4）**民謡音階**

日本の民謡にしばしばみられる音階です。（「こきりこ節」「花笠音頭」「竹田の子守歌」など）

（5）**律音階**

雅楽や声明で用いられることの多い音階です。（「君が代」「越天楽今様」「子守歌」（ねん

ねんころりよ…）など）

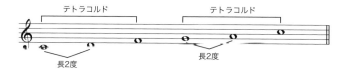

　小泉（1994）は「わらべうた」について次のように述べています。「私はある音楽文化の基本的性格を調べるとき、必ずその人々の『わらべうた』に注目する。それはその民族のことばに密着しており、そこには生活環境が反映されている」。さらに、古い習慣，信仰、文化の成長過程にまで投影されていることを語っている。しかし、「わらべうた」は子どもとの遊びのルールや方法と強く結び付いていることで、歌の規則性や形式が決定されると「わらべうた」の特殊性を指摘しています（表4-1-2）。

　東京都23区の小学校106校を対象とした「わらべうたの研究」より導き出された研究の結果です（小泉, 1969）。みなさんの記憶に残されている「**わらべうたの心**」は、子どもたちを通して、次の世代に引き継がれていくことでしょう。

表 4-1-2　あそび方による「わらべうたの分類」
（小泉文夫・東京芸術大学民族音楽ゼミナール, 1961）

（0）となえうた	（5）なわとび
（1）絵かきうた	（6）じゃんけん
（2）おはじき・石けり	（7）お手合わせ
（3）お手玉・羽根つき	（8）からだあそび
（4）まりつき	（9）鬼あそび

分類名からあそび方をイメージすることが難しいもの
（0）となえうた　は「数かぞえるうた」「しりとりうた」「はやくちことば」など
（7）お手合わせ　は「せっせっせ」など大勢で調子を合わせるために使うなど
（8）からだあそび　は「指・手遊び」「顔あそび」「かいだんとび」など

2節　子どもの歌唱のモデルとなる保育者の歌唱

歌唱の歩み

　歌唱とは、人間の基本的表現手段である声を用いた音楽的行為を指します。

古代より人は歌唱という音楽的行為を、リズム、音程、発声、言葉を伴う「歌唱芸術」へと発展させていきました。さらに歌唱芸術は、宗教、世俗（一般の人）、演劇の分野と結びつき、それぞれの場で固有の芸術性を高めていきます。

　なかでも、世俗では、16世紀までヨーロッパでは声楽が音楽の中心でありましたが、17世紀の初頭にオペラが誕生したことにより、歌唱芸術・歌唱技術も現代に結びつく発展を遂げていきました。この頃より美しい歌声や発声法は飛躍的発展を遂げ、「ベル・カント」（"美しい歌"を意味し、その歌唱法をベル・カント唱法と言います。18世紀イタリアで生み出された、無理のない自然な美しい声で旋律をレガートに歌う唱法）唱法やさまざまな発声法、さらに種々の歌唱法が研究されていきます。ただし注意すべきは、当時の発声は現代の頭声発声とは異なっていたことが判明しています。このような人間の営みとともに発展・進化してきた歌唱は、20世紀においては新しい歌唱表現による、シュプレヒゲザング（Sprechgesang［独］：語りと歌の中間に位置する唱法。シェーンベルクが無調作品で多用した）や、声の器楽的使用などの楽曲も作曲されています。また、イタリアのロッシーニが作曲した女性二重唱曲「二匹の猫」（DUETTO BUFFO DI DUE GATTI）はすべて、猫の鳴き声（Mia-u）で作られているユニークな曲です。加えて、歌唱以外の音楽表現の手法では、リズムを用いたリズム身体活動、ボディパーカッションや「音」をより良く聴くことを教えるサウンド・エデュケーション（音の教育）等が注目されています。

歌唱の声と発声

　美しい歌唱、ベル・カントを実践するには、声を築き上げる発声器官の役割を正しく理解することから第一歩が始まります。つまり、**発声をするとき、自分の身体の器官が、発声の何について、どのように役立っているのかを理解していることが、美しく豊かな歌唱への道につながっているのです。**

　声は、**呼吸器官、発声器官、共鳴器官**の器官が互いに機能・連動して作られます（詳細は、図4-2-1、4-2-2、4-2-3参照）。なかでも、呼吸器官は声の源となる息を、次の呼吸法により身体に取り入れます。歌唱に必要とされる呼吸は、**腹式呼吸**と**胸式呼吸**です。

　腹式呼吸は、肺や心臓などの胸腔や、胃や腸などの腹腔を隔てているドーム状の筋と腱でできた**横隔膜**の運動を用いた呼吸法です。横隔膜は自分の意思で動かすことのできる随

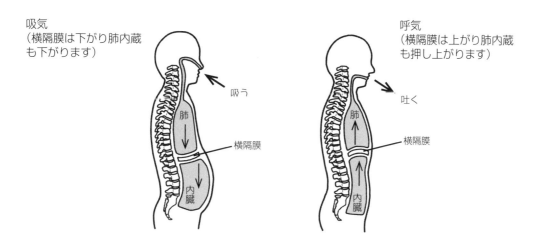

図4-2-1　横隔膜の上下運動

意筋で、この横隔膜の運動により腹式呼吸を行います（図4-2-1）。しかし、横隔膜について米山（2007）は、構造的には随意筋ですが、完全に随意的に調整することはできません。横隔膜は、ある程度は意思でコントロールできますが、あくまで呼気機能を利用してコントロールしている、半随意筋と述べています。

【腹式呼吸】

　吸気を取り込むために体壁を緩め、息を深く（イメージとしては骨盤底まで）迎え入れ、呼気に転ずる時に、足の裏から足首、膝、骨盤まで使って呼気を上方に押し上げる（送り出す）呼吸法。

【胸式呼吸】

　肺のまわりの壁（胸郭）を広げるか、あるいは壁を緩めることによって、自然に息が流れ込んでくる呼吸法。

　米山（2007）は身体との関わりを踏まえ、呼吸法を解説しています。そして、上記の呼吸法により息を出し入れして、声の原動力・呼気流 が作りだされます。

　次に発声器官で呼気流は、声帯の振動（開閉）数だけ分断され、**気流の疎密波**を作ります（図4-2-2）。この気流の疎密波を**喉頭原音**と呼びます。ここで初めて、狭い隙間を吹き抜けていく風のような空気の流れが「声」と言う音の形に変わります。**「声は空気の流れる音、すなわち狭い隙間を吹き抜けていく風がつくる"唸り"現象なのです」**そして**「声は声帯という粘膜の振動音ではなく、口笛や吹奏楽器のように空気を吹き込み、気流音で音源をつくっているのです」**と米山（2007）は声の仕組みの源を、解き明かしています。

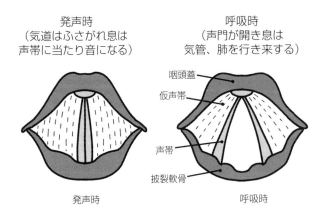

発声時
（気道はふさがれ息は
声帯に当たり音になる）

呼吸時
（声門が開き息は
気管、肺を行き来する）

咽頭蓋
仮声帯
声帯
披裂軟骨

発声時　　　　　　呼吸時

図 4-2-2　発声器官・声帯

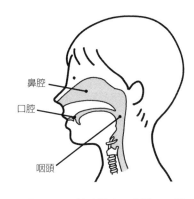

鼻腔
口腔
咽頭

図 4-2-3 共鳴器官：鼻腔・口腔・
咽頭・顔の共鳴

　この喉頭原音が、**咽頭**（口と鼻の奥で喉頭に通じる）、**口腔**（口の中）、**鼻腔**（鼻の中で咽頭に通じる）の**共鳴器官**を通ることで音を共鳴させ、個々の特徴と意味合いをもつ声となります。つまり、人の声の音色を作り出します（図 4-2-3）。

母子間の声と言葉への影響・マザリーズ

　マザリーズ（motherese）：Infant Directed Speech 母親語、（育児語、幼児向け言葉とも言う）母親（養育者）が乳児に話しかける言葉や語りかけ等をマザリーズと言います。母親は幼児に話しかけるとき大きく声を変え、上がり下がりの激しい音声で幼児に話しかけます。アン・カーブ（2008）はマザリーズについて「大人が簡単に退行する見本のように思えるが、実は非常に洗練されたコミュニケーション手段でいくつもの働きを持つ。それは幼児の発達の視点で考えたとき、彼らが言葉を理解して会話のルールを身に付ける手助けをしている」とマザリーズの機能を述べています。
　マザリーズの発音パターンと機能の特徴
《発音パターン》
　①音全体としての高さが上昇する。②抑揚が誇張される。③語りかけのテンポはゆっくりとしていて、発話との間の沈黙が長い。
《機能の特徴》
　①子どもの注意をより強く喚起する。②マザリーズを耳にしたとき子どもは、ポジティ

ブな情動表出を頻繁に行う効果的な役割を持つ。③子どもの音楽および音節の正しい発達を促進させる効果を持つ（正高, 1995）。

このような特徴や子どもへの情緒的効果をもつマザリーズは、子どもにとって**好きな音声**であり、その声を聴き分けるようになります。しかし、言葉として明確に聴き分けるのは、生後 6 か月以上の期間が必要だと言われています。

米山（2007）は、子どもの声と言葉に最も影響を与える存在として、母親の存在を挙げ、次のように述べています。「ほとんどの子どもは母親に育てられ、最初の言葉づくりも親の真似をして学んでいきます。したがって言葉のアクセント、リズム、抑揚など、声の表現にかかわる習慣も養育者の影響をかなり受けます」と、子どもと母親との関係性を「声」と「言葉」の視点より意味深く解説しています。

子どもの音への感性を育む発達の源は、母親（養育者）が語りかける音声のある環境であり、音を聴く子どもの感性と能力は、人生の最も早期に育成されることを理解しましょう。このことは、子どもと保育環境の中で音楽を通して関わりをもつ保育者にとって、どのような関わり方や言葉かけをすることが、子どもの音楽表現を促進させる為に効果的なのか、子どもの音楽的発達を促す意味においても、大切にしたい要素であります（たとえば、時には保育者の話しかけるトーンに変化をつけてみるとか、音をしっかりと受け止められる環境作りを考えてみましょう）。

● **子どもの歌唱のモデルとなる保育者の歌唱**

子どもの歌唱のモデルとなる保育者の歌唱は、子どもにとって最も身近な人物による**音楽の環境**とも言えます。幼稚園教育要領・5 領域の 3「環境」のねらい（2）では、「身近な環境に自分から関わり、発見を楽しんだり、考えたりし、それを生活に取り入れようとする」が、ねらいとして掲げられています。保育者の豊かな響きのある歌声や、歌詞の言葉やメロディーから伝わる情緒や楽曲からのイメージは、子どもたちに音楽の魅力と楽しさを与えてくれるでしょう。

● **歌唱の姿勢**

保育の現場では、保育者は起立した状態で歌唱する場合と、ピアノ、キーボードを用いて「弾き歌い」をする場合があります。いずれの場合でも、基本的な姿勢を身につけるこ

とが大切です。ただし「弾き歌い」の場合、保育者は伴奏をしながら、指導のために子どもたちの方に顔を向けたりすることが求められます。ともすれば、背中が丸くなってしまうような場面も見受けられます。このことは、保育者自身が正しい姿勢への意識をもち、自らに注意喚起をすることが大切になります。背骨を真っ直ぐ垂直にするのは、腹式呼吸のための横隔膜の機能を最大限に生かすためにも必要な条件です。

● 歌唱前の準備

　身体は声の共鳴の発生源です。声の響きを拡大させてくれるきわめて重要な役割を担っています。心地良い声の響きは、楽曲の音楽性を高めます。

①身体の解放

基本姿勢　足を肩幅位に開き、両足平均に体重をかけ腹部に重心を置きしっかりと立ちます。

力を抜く　軽く肩を上げ、数回、「ストン」と肩の力を抜き脱力して肩を下げます。前屈姿勢になり、数回、上半身の力を抜き脱力します。

呼吸をする　腹式呼吸（腹の内部より外側に開くように力を入れる）で鼻から息を瞬時に吸い、口から息を少しずつ吐いていきます。すべての息を吐き切り、再び同じ動作を繰り返します。

②声のストレッチ

顎ほぐし　図4-2-4のように手のひらを頬骨に押し当て、ゆっくりと下顎にかけて下げて行きます。顎の力を抜き、自然に口が開くようにして「あー」とやさしく発声します。

くちびるほぐし　図4-2-5のように上下のくちびるを軽く閉じ、できるだけ速く、くち

図4-2-4　顎ほぐし

図4-2-5　くちびるほぐし

図4-2-6　舌のストレッチ

びるを振動させて音を出す「口唇トリル」でくちびるをほぐします。

舌のストレッチ　図 4-2-6 のように上前歯の後ろに軽く舌先をつけ、巻き舌「r」の音を出す「トリル」で舌をほぐします。

③歌唱の基本姿勢

・足を肩幅に開き、両足平均に体重をかけ腹部に重心を置きしっかりと立ちます（図 4-2-7）。

・背骨がまっすぐになるよう自分の身体構造にあった正しい姿勢をします。

・頭はまっすぐに保ちあごは軽く引きます。

図 4-2-7　正しい身体の中心線

・広く開いた胸と身体に沿った腕の位置。

④呼吸法

本章の「歌唱の声と発声」の項（118 頁）を参照してください。腹式呼吸と胸式呼吸を用います。

⑤発声

母音の〈ア〉を無理なく自然に明るい音色で発声することが望ましいでしょう。順次進行の（ドレミファソファミレド）や音程感のある（ドミソミド）等で、頭の先から全身を意識して発声をしましょう。

心地良い響きや伸びやかな歌声は、自分の身体のどのポジションに共鳴させると良いのか、呼気の使い方も含め、発声練習を思考錯誤しながら繰り返し行う中から、その答えが見えてくるのです。それは日々の努力と積み重ねの練習により育まれます。

⑥保育現場における歌唱活動の取り組み例

譜例《あく手でこんにちは》による歌唱教材の着目点です。保育者として歌唱指導の事前準備に必要な**知識**です。記譜法（音楽を視覚的に記録する手段）に必要な項目は、作詞・作曲者、拍子、調性、テンポ、楽曲形式、旋律性、リズム、強弱、歌詞です。

作詞・作曲者

　作詞：まどみちお　明治 42（1909）年～平成 26（2014）年。詩人。作品に、「ぞうさん」「一年生になったら」「ふしぎなポケット」「やぎさんゆうびん」など多数。

　作曲：渡辺茂　大正元（1912）年～平成 14（2002）年。教育者、童謡作曲家。作品に、「ありさんのお話」「たきび」「水鉄砲」「ふしぎなポケット」「おはようのうた」「さよならのうた」など多数。

　楽曲について：「あく手でこんにちは」は、子どもの「遊びのうた」や「集いのうた」として歌唱曲集では、紹介されています。身体の動きと音楽が統合された、親しみやすいメロディーは「てくてく」、「もにゃもにゃ」と、オノマトペを用いた繰り返しの歌詞と旋律の中に、子どもの動作や心の動きがリズムに乗せて象徴的に表現されています。

歌唱と動作の「実技バリエーション」

・曲に合わせて歌いながら歩き、途中で友だちと握手（肘と肘を合わす）、手を合わせる（合わせる動作）をする

・歩くテンポを変化させる

・拍子を変化させる（例：3 拍子、4 拍子等に自由な動作をつける）

・伴奏にダイナミックス（強弱）を付けて、心の動きを表現する

　保育者の音楽的技量に応じた、多様な取り組みが可能な曲です。クラス開きや園行事の中で活用しましょう。

①拍子

拍子には大別して3つの種類があります。

- ・単純拍子　拍を数えやすい（2拍子、3拍子、4拍子）
- ・複合拍子　単純拍子の1拍を、3つの小拍に分けるもの（6拍子、9拍子、12拍子）
- ・混合拍子　5拍子、7拍子、異なった単純拍子が組み合わさったもの（8拍子、人工的な
  拍子を総括したもの）

に分けられます。「あく手でこんにちは」の曲の拍子は2／4拍子、単純拍子に相当します。
2拍子は、

- ・雰囲気　単純、素朴、明快
- ・用例　童謡、唱歌、行進曲、ポルカ、ガヴォットなどの舞曲

の特徴をもつ拍子です。軽快な2／4拍子のリズムにより、明るく楽しい雰囲気が、曲
全体から感じ取れます。歩く速度は発達年齢にふさわしい速さが望ましいでしょう。

②調性

　子どもの歌を選曲する場合、その歌の音域（高めの歌・低めの歌）と子どもの発達状況
を十分に考慮することが大切です。幼児の場合「非常に狭い音域で歌っている子ども」、
「おおむね正確であるが、途中で転調する子ども」など発達に応じた個人差が大きいと言
えるでしょう。このことからも「正しい音で歌唱できる」には、ある程度の期間が必要で
あるかと考えられます。保育者は子どもの発達に関する実態と知識を十分に把握しておく
ことが必要です。加えて、幼児期の歌唱指導を担う保育者の指導力、音楽力は、非常に重
要な意味をもつものと考えられます。

　「あく手でこんにちは」の調性は二長調、調号は（ファ・ドに♯）、最終音がレであるた
め二長調です。

③テンポ

　「あく手でこんにちは」のテンポは108です（♩－108）。メトロノームの速度記号の表
記がされています。この記号は、ある音符が1分間に何回演奏されるかを数字で表わして
います（図4-2-8）。つまり「あく手でこんにちは」の速度は「4分音符が1分間に108回
演奏される速さ」ということになります。速度標語だとアレグレット（Allegretto；ほどよ

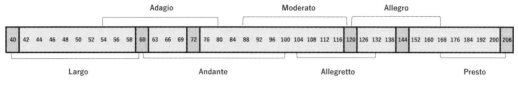

図 4-2-8　速度記号（教芸音楽研究グループ，1994 より改変）

く速く）に相当します。歌詞の「てくてく てくてく」の語感のもつリズム感と軽快な歩行のイメージを想起します。

④楽曲形式

　楽曲は、それぞれに独自の形をもっていますが、それらの楽曲には共通した構成理念や構成方法をもっています。楽曲形式は、「〇〇形式」として分類されます。歌曲形式の構成は、唱歌、民謡、子どもの歌で多く用いられます。なかでも子どもの歌は一部形式や二部形式の構成の曲が多く見られます。

　・一部形式　1つのテーマのメロディーで 8 小節からつくられている曲。
　終止を感じられる部分が 1 か所だけあることが原則とされています。
　・二部形式　2つのテーマのメロディーで 16 小節からつくられている曲。
　終止を感じられる部分が 2 か所だけあることが原則とされています。
　「あく手でこんにちは」の曲は、8 小節で構成されている曲ではないのですが終止を感じ取れる部分は最後の部分のみで、12 小節の曲ですが 1 部形式の曲に分類します。

⑤旋律性

　メロディーラインは基本的に、高音に上向する場合はクレッシェンド、下降する場合はデクレッシェンドで表現しましょう。「あく手でこんにちは」の場合、最初に始まる「てくてく」や「もにゃもにゃ」の頭の音はこの曲の中では高音に相当するため、歌詞を元気よく明確に歌いましょう。盛り上がりが感じられるのは中間部分の最後から 2 小節です。楽しく相手のお友だちと「あく手」をする部分です。最後の 4 小節はなごり惜しい気持ちも込め、落ち着いて終止すると、相手に気持ちが伝わるでしょう。

⑥リズム

この曲の印象的なリズムは、最初の1、2小節にある2つの8分符と中間部分の付点4分音符と8分音符のリズムパターンが特徴的です。

歌詞の言葉とリズムが、素直に自然な感じで結びついていることが感じ取られます。

⑦強弱

譜面には、強弱記号および楽語の表記はありません。指定は速度記号のみです。つまり、この曲を用いて活動する子どもたちや保育者とで、共有する思いや感じたことを、強弱を付け表現できるのです。さらに、歌だけでなく身体を用いたダイナミックスで、心体ともに曲を豊かに創り上げていくことが、可能な曲と言えるでしょう。さて、自分ならどのような強弱記号をつけるでしょうか。譜面の⑦（　）の中に《あく手でこんにちは》にふさわしい強弱記号を、下記より選び記入してみましょう。

強弱記号は *f. mf. mp. p.* があります。

⑧歌詞

歌唱の曲は他の器楽曲等とは異なり、歌詞が音楽的特徴となります。歌詞の内容を理解し、作詞・作曲者の思いを受け止め、さらにその思いを表現として付け加えることで、芸術的意味も加味されることがあります。また、「あく手でこんにちは」の歌詞の中にもある、繰り返される言葉は、大切に表現することが必要です。ただ、同じ歌詞の言葉を子どもたちに繰り返し歌わせるのではなく、作詞者や作曲者の音楽的ねらいは何なのか、繰り返すことによって、どのような効果が生まれるのか、どのような変化を付ければ豊かな表現になるのか……等、考察することは、保育者自身の音楽的学びとして蓄積され、このことが子どもたちの表現の幅を広げることにつながっていきます。

「あく手でこんにちは」の曲は、身体活動を加えることで、子どもたち同士の豊かな人間関係を育み、さまざまな保育場面での活用が期待できます。

さらに、子どもの発達と多様な条件を踏まえ、保育者白身が数有る楽曲の中から場に応じた楽曲の選択ができるよう、音楽の研鑽を積み重ねましょう。

日本の歌の歌唱

言葉と歌詞

　歌曲を歌唱する際には、歌詞の意味や解釈についての理解、さらに詩の情緒、詩情を深く感じ取り、**自分の言葉で歌い伝えていくことが、最も重要なこと**になります。なかでも、日本の歌を歌唱するには、その基本となる正しい発声、日本語の正しい発音、そして詩の解釈について理解することが求められます。加えて、作詞者、作曲者が、その楽曲に込めた思いや願い、できれば、作詞者、作曲者の作詩・作曲した時代背景や心理の状況等の知識も、豊かな歌唱表現をするための着目点となります。

　日本を代表する作曲家、山田耕筰（1986〜1965）は、「待ちぼうけ」《大正 12 年（1923）年作曲》、歌曲「からたちの花」《大正 14 年（1925）年作曲》、童謡「赤とんぼ」《昭和 2 年（1927）年作曲》等、芸術的品位を備えた多数の歌を、大正、昭和を通して世に送り出しました。これら山田作品は、時代を超えて受け継がれ、多くの日本人に親しまれています。山田耕筰は日本の歌の特質について、次のように述べています。「歌曲に就いて国ごとに性格や様式が異なるのは、**国語の相違**によるものである。言語の制約を受けない楽器と違い、歌曲においては『**言葉が音楽をつくる**』と言っても過言ではない。それゆえ、**発声と発音は、別の技術ではなく、二にして一である**。たとえば、イタリアのベル・カント唱法が、イタリア語を美しく発音するための技術であるように、日本の歌を唱うには、日本語を正しく発音するための発声法を模索する必要がある」と日本語の発音表記について問題を提起しています（山田、1959）。

● 日本語の母音と子音

　日本語は母音「ア・イ・ウ・エ・オ」と子音「母音以外の音」が組み合わさり成り立っています。日本語の歌を美しく唄うためには、子音を明確に生かし、付属する母音部分の共鳴操作、つまりそれぞれの母音を響かせるべきポジションにきちんと呼気流に乗せて共鳴効果をつくることにあります（本章 2 節参照）。母音発声の場合では、「イ・エ・ア・オ・ウ」、「イ・エ・ウ・オ・ア」等の順に練習します。

　母音の響きは、最も明るい母音の「イ」より明暗の順に「エ」「ア」「オ」「ウ」の配列

お	や	ま		ふ	り	ま	し	た
o̱	ya̱	ma̱		fu̱	ri̱	ma̱	si̱	ta̱

母音には下線を引いた。下線部以外が子音である。

図4-2-10　歌詞のなかの母音と子音（子どもの歌より）

に並びます。「ア」の母音は日本歌曲の中で最も数多く出現し、母音の中でも最も難しいとされている母音です。自然な発声で表現するには、舌の位置や響きのポジションを繰り返し練習する必要のある発音です。子どもの歌においても同様のことが必要です。

　さらに、その「舌」や「唇」の動きについて「声」の専門医である渡邊（2021）は「発声には、舌や唇の動かし方も深いかかわりがあります。肺から押し出される空気が声道を通るとき、声帯が狭まることで空気が振動します。このとき、舌や唇が柔軟に動くことで口の中で共鳴が起き、さまざまな音がつくられます。『あいうえお』『かきくけこ』などと、音を区別して発声することができるのは、その音に合った舌や唇の動かし方ができているため」と、発声に関わる身体のメカニズムの動きを、わかりやすく解説しています。

　歌唱時には、**母音を響かせるポジション**（図1-3-4）を**イメージ**しながら、美しい響きづくりの歌声を心掛けましょう。歌詞を明確に伝えるため、音節（音声の一単位）の頭の子音をはっきりと発音しましょう（図4-2-10）。

● 歌詞と言葉のアクセント

　歌詞を伴う日本語の歌曲において、言葉のアクセントは避けて通れない音楽的要素です。たとえば標準語では、「橋」と「箸」、「雨」と「飴」、「鼻」と「花」、「舵」と「鍛冶」、前の2つの例はアクセントが逆になっています。後の2つの例は、アクセントが等しくなっています。もし、アクセントを間違えれば、まったく異なった意味の言葉になってしまいます。このような複雑なアクセントの仕組みをもつ日本語を、私たちは自然に身に付け日常生活を送っていますが、日本語は母音が頻出し1つの単語内の音節数（音節：音声の一単位）が多い特徴をもっています。

山田耕筰は声楽語として日本語について「母音の明るさ、子音の明快さ、そして子音と母音の美しい結合等。数え上げればその美点はかぎりない。母音にしてもイタリア語のそれよりむしろ音声学的に見て気品があるとさえ言える」と日本語の優れた特質を語っています（山田, 2001）。

　彼は、このような日本語の持つ特徴を生かしつつ、西洋の芸術歌曲の響きや雰囲気を日本の歌曲の旋律にもたせるための研究を重ねました。その結果、日本語を音楽の流れに乗せるための独自に工夫をした作曲理論「**日本語のアクセントと旋律の一致・アクセント理論**」を考え出しました。それは、日本語の言葉には、音の高低、アクセントがあります。そのため、メロディーを作る時、言葉のアクセントと同じ動きをするようにメロディーを作るという作曲の方法のことです。日本語の抑揚（標準語の高低のアクセント）が、ほぼ音の高低と一致している歌曲は、歌い手にとって自然な日本語で歌うことができる歌と言えるでしょう。親しみやすさが感じられる曲趣をもっています。

　山田耕筰は「詩と音楽の融合」という視点で、次のような言葉を遺しています。「歌曲の作曲は、**詩の心**を生かし、詩句以外にある詩想を音で表現する点において、初めて完全な**詩と音楽の融合**ができる」（山田, 1959）。

3節　「音」の聴き方

音楽を聴くことによる受容（インプット）と表出（アウトプット）

　音楽には、聴く楽しさと演奏する楽しさがあると考えられます。みなさんはふだん、どのような音楽を耳にする機会が多いでしょうか。インターネットの普及の影響もあり、ふだんから多様な音楽に触れていると思います。そのような、音楽と触れ合う体験を通じて、嬉しい、楽しい、悲しい、といったさまざまな感動を覚える機会を得られていると思います。そして、音楽を通じて得たそれらの感動を仲間や友人と共有したり、楽器を演奏できる人であれば、実際に自分で演奏してみたりしているのではないでしょうか。音楽を聴いたり、その音楽で感動することを、受容（インプット）、仲間や友人と共有したり、自ら

演奏したりすることを表出（アウトプット）、という言葉に置き換えることができます。

　では、保育の現場での音楽を伴う表現活動における子どものインプット、アウトプットについて考えてみましょう。『幼稚園教育要領』（以後、教育要領）の第2章「ねらい及び内容」、『保育所保育指針』（以後、保育指針）の第2章「ねらい及び内容」、『幼保連携型認定こども園教育・保育要領』（以後、教育・保育要領）の第2章「ねらい及び内容並びに配慮事項」には、表現の領域（「感じたことや考えたことを自分なりに表現することを通して、豊かな感性や表現する力を養い、創造性を豊かにする」）に関する、記載があります。その「1　ねらい」「2　内容」「3　内容の取扱い」について、まとめてみました（表4-3-1～表4-3-3）。表4-3-2・4-3-3において、保育指針や教育・保育要領で別の言葉が用いられている部分に下線を付け、直後の（　）に記しました。熟読後、課題1に取り組んでください。

課題1

　表4-3-2に記載されている、「教育要領、保育指針（3歳以上）、教育・保育要領（3歳以上）」の内容（1）～（8）、「保育指針（1歳以上3歳未満）、教育・保育要領（満1歳以上満3歳未満）」の内容（1）～（6）について、①受容（インプット）、②表出（アウトプット）、③受容と表出の両方、①～③のどれに関連した内容なのか、その理由もふくめて自分1人で考えてみましょう。

　次に、複数名で1つのグループになって、1人ひとりの意見を発表し、まわりのメンバーの意見・考えを共有してみましょう。

表4-3-1　それぞれの「1　ねらい」

教育要領、保育指針（3歳以上）、教育・保育要領（3歳以上）
（1）いろいろなものの美しさなどに対する豊かな感性をもつ。
（2）感じたことや考えたことを自分なりに表現して楽しむ。
（3）生活の中でイメージを豊かにし、様々な表現を楽しむ。

保育指針（1歳以上3歳未満）、教育・保育要領（満1歳以上満3歳未満）
（1）身体の諸感覚の経験を豊かにし、様々な感覚を味わう。
（2）感じたことや考えたことなどを自分なりに表現しようとする。
（3）生活や遊びの様々な体験を通して、イメージや感性が豊かになる。

表 4-3-2　それぞれの「2　内容」

教育要領、保育指針（3歳以上）、教育・保育要領（3歳以上）

（1）生活の中で様々な音、色、形、手触り、動きなどに気付いたり、感じたりするなどして楽しむ。

（2）生活の中で美しいものや心を動かす出来事に触れ、イメージを豊かにする。

（3）様々な出来事の中で、感動したことを伝え合う楽しさを味わう。

（4）感じたこと、考えたことなどを音や動きなどで表現したり、自由にかいたり、つくったりなどする。

（5）いろいろな素材に親しみ、工夫して遊ぶ。

（6）音楽に親しみ、歌を歌ったり、簡単なリズム楽器を使ったりなどする楽しさを味わう。

（7）かいたり、つくったりすることを楽しみ、遊びに使ったり、飾ったりなどする。

（8）自分のイメージを動きや言葉などで表現したり、演じて遊んだりするなどの楽しさを味わう。

保育指針（1歳以上3歳未満）、教育・保育要領（満1歳以上満3歳未満）

（1）水、砂、土、紙、粘土など様々な素材に触れて楽しむ。

（2）音楽、リズムやそれに合わせた体の動きを楽しむ。

（3）生活の中で様々な音、形、色、手触り、動き、味、香りなどに気付いたり、感じたりして楽しむ。

（4）歌を歌ったり、簡単な手遊びや全身を使う遊びを楽しんだりする。

（5）保育士（教育・保育要領：保育教諭）等からの話や、生活や遊びの中での出来事を通して、イメージを豊かにする。

（6）生活や遊びの中で、興味のあることや経験したことなどを自分なりに表現する。

表 4-3-3　それぞれの「3　内容の取扱い」

教育要領、保育指針（3歳以上）、教育・保育要領（3歳以上）

（1）豊かな感性は、自然などの身近な環境と十分にかかわる中で美しいもの、優れたもの、心を動かす出来事などに出会い、そこから得た感動を他の幼児や教師（保育指針：子どもや保育士等、教育・保育要領：園児や保育教諭等）と共有し、様々に表現することなどを通して養われるようにすること。その際、風の音や雨の音、身近にある草や花の形や色など自然の中にある音、形、色などに気付くようにすること。

（2）幼児（保育指針：子ども、教育・保育要領：幼児期）の自己表現は素朴な形で行われることが多いので、教師（保育指針：保育士等、教育・保育要領：保育教諭等）はそのような表現を受容し、幼児（保育指針：子ども、教育・保育要領：園児）自身の表現しようとする意欲を受け止めて、幼児（保育指針：子ども、教育・保育要領：園児）が生活の中で幼児（保育指針：子ども、教育・保育要領：園児）らしい様々な表現を楽しむことができるようにすること。

（３）生活経験や発達に応じ、自ら様々な表現を楽しみ、表現する意欲を十分に発揮させることができるように、遊具や用具などを整えたり、他の幼児（保育指針では子ども、教育・保育要領では園児）の表現に触れられるよう配慮したりし、表現する過程を大切にして自己表現を楽しめるように工夫すること。

保育指針（１歳以上３歳未満）、教育・保育要領（満１歳以上満３歳未満）

（１）子ども（教育・保育要領：園児）の表現は、遊びや生活の様々な場面で表出されているものであることから、それらを積極的に受け止め、様々な表現の仕方や感性を豊かにする経験となるようにすること。

（２）子ども（教育・保育要領：園児）が試行錯誤しながら様々な表現を楽しむことや、自分の力でやり遂げる充実感などに気付くよう、温かく見守るとともに、適切に援助を行うようにすること。

（３）様々な感情の表現等を通じて、子ども（教育・保育要領：園児）が自分の感情や気持ちに気付くようになる時期であることに鑑み、受容的な関わりの中で自信をもって表現をすることや、諦めずに続けた後の達成感等を感じられるような経験が蓄積されるようにすること。

（４）身近な自然や身の回りの事物に関わる中で、発見や心が動く経験が得られるよう、諸感覚を働かせることを楽しむ遊びや素材を用意するなど保育の環境を整えること。

どのように音を聴いているのか

　音楽の３要素としてメロディー、リズム、ハーモニーが挙げられますが、このうちの１つ、ハーモニーに関する面白い研究があります。この研究では、ハーモニーを心地よく感じる感覚は、生まれつきもっているものなのか、成長の過程で身につけるものなのか、先祖代々アマゾンの村（Santa Maria）に住んでいる人々（Tsimane）とアメリカ人との比較から明らかにしています。調査の結果、ハーモニーを心地よく感じる感覚は成長の過程で身につける、と結論づけられています。ハーモニーに限らず、まったく聴いたことがない音楽について、表出（アウトプット）を行うことは可能でしょうか。たとえば、行ったことやその存在すら知らなかったような国の伝統音楽について、その音楽の良いところや感動するところを答えることはできるでしょうか。また、その情報について友人と共有することや、実際に演奏することは可能でしょうか。おそらく、難しいと思います。

　以上のことから、音楽を通じて行われる表出（アウトプット）は、日常生活でどのような音楽に関わっているか、受容（インプット）しているか、によって、１人ひとり変わっ

表 4-3-4　記入例

音の種類	場所	発生源	擬声語／擬音語	聴いた時の感想・印象
自然の音	庭	葉	ガサガサガサ	何かいる？虫？
人工の音	台所	包丁・まな板	トントントン	ご飯何かな？

表 4-3-5　身の回りのいろいろな音

音の種類	場所	発生源	擬声語／擬音語	聴いた時の感想・印象
自然の音				
人工の音				

てくるということについてわかってもらえたと思います。

　では、みなさん1人ひとりがどのように受容（インプット）を行っているか明らかにするために、課題2に取り組んでみましょう。

課題2

　表4-3-4の記入例を参考に、身の回りにある「音」を集めて表4-3-5を完成させて（空欄を埋めて）みましょう。自然の音は「人間が直接何か行動を起こしていないにもかかわらず発生している音」、人工の音は「人間の行動によって発生する音」と分類します。たとえば、動物の鳴き声は「自然の音」、エアコンの音は「人工の音」とします。

　次に、課題1と同様に、複数名で1つのグループになって、1人ずつ集めた音を発表して、まわりのメンバーがどのような感想・印象を持っているのか、共有してみましょう。

表 4-3-6　内容の分類

教育要領、保育指針（3歳以上）、教育・保育要領（3歳以上）	
（1）生活の中で様々な音、色、形、手触り、動きなどに気付いたり、感じたりするなどして楽しむ。	①
（2）生活の中で美しいものや心を動かす出来事に触れ、イメージを豊かにする。	①
（3）様々な出来事の中で、感動したことを伝え合う楽しさを味わう。	②
（4）感じたこと、考えたことなどを音や動きなどで表現したり、自由にかいたり、つくったりなどする。	②
（5）いろいろな素材に親しみ、工夫して遊ぶ。	③
（6）音楽に親しみ、歌を歌ったり、簡単なリズム楽器を使ったりなどする楽しさを味わう。	③
（7）かいたり、つくったりすることを楽しみ、遊びに使ったり、飾ったりなどする。	②
（8）自分のイメージを動きや言葉などで表現したり、演じて遊んだりするなどの楽しさを味わう。	②
保育指針（1歳以上3歳未満）、教育・保育要領（満1歳以上満3歳未満）	
（1）水、砂、土、紙、粘土など様々な素材に触れて楽しむ。	①
（2）音楽、リズムやそれに合わせた体の動きを楽しむ。	③
（3）生活の中で様々な音、形、色、手触り、動き、味、香りなどに気付いたり、感じたりして楽しむ。	①
（4）歌を歌ったり、簡単な手遊びや全身を使う遊びを楽しんだりする。	②
（5）保育士（教育・保育要領では保育教諭）等からの話や、生活や遊びの中での出来事を通して、イメージを豊かにする。	①
（6）生活や遊びの中で、興味のあることや経験したことなどを自分なりに表現する。	②

「音」の聴き方についてのまとめ

　課題1で、教育要領、保育指針、教育・保育要領の「内容」と、受容（インプット）と表出（アウトプット）との関連について考えてみました。課題2で、身の回りの音の収集と、それらの音を聴いた、受容（インプット）した時の感想・印象について考えてみました。課題1・2による発表を通じて、今までには気付かなかった新たな考えに触れる機会を得られたことと思います。

表 4-3-7　①受容（インプット）にする内容

教育要領、保育指針（３歳以上）、教育・保育要領（３歳以上）
（１）生活の中で様々な音、色、形、手触り、動きなどに気付いたり、感じたりするなどして楽しむ。
（２）生活の中で美しいものや心を動かす出来事に触れ、イメージを豊かにする。
保育指針（１歳以上３歳未満）、教育・保育要領（満１歳以上満３歳未満）
（１）水、砂、土、紙、粘土など様々な素材に触れて楽しむ。
（５）保育士（教育・保育要領：保育教諭）等からの話や、生活や遊びの中での出来事を通して、イメージを豊かにする。

　ここでは、受容（インプット）に焦点をあてて、まとめてみましょう。まずは、課題１を思い出してください。筆者の考えを、表 4-3-6 に示します。「教育要領、保育指針（３歳以上）、教育・保育要領（３歳以上）」の内容（１）〜（８）と、「保育指針（１歳以上３歳未満）、教育・保育要領（満１歳以上満３歳未満）」の内容（１）〜（６）について、①受容（インプット）、②表出（アウトプット）、③受容と表出の両方、これらのどの番号に該当するか付記しました。

　「①受容（インプット）」が付記された内容について注目すると、教育要領、保育指針（３歳以上）、教育・保育要領（３歳以上）では「（１）生活の中で様々な音、色、形、手触り、動きなどに気付いたり、感じたりするなどして楽しむ」「（２）生活の中で美しいものや心を動かす出来事に触れ、イメージを豊かにする」が、保育指針（１歳以上３歳未満）、教育・保育要領（満１歳以上満３歳未満）では、「（１）水、砂、土、紙、粘土など様々な素材に触れて楽しむ」「（５）保育士（教育・保育要領：保育教諭）等からの話や、生活や遊びの中での出来事を通して、イメージを豊かにする」が、それぞれ該当しています（表 4-3-7）。

　では、課題２で集めた音をもとに、同じ音を聴いたときの子どもの感想について想像し、該当する内容について考えてみます。課題３に取り組んでください。

課題 3

　表 4-3-8 を参考に、課題２で集めた音について、同じ音を子どもが聴いた時にどのような感想をもつか想像し、また、表 4-3-7 に示した４つの該当する内容の中から、子どもの年齢によって関連が深い番号について考え、表 4-3-9 の空欄を埋めてみましょう。

表 4-3-8　課題 3 の記入例

音の種類	場所	発生源	想像する子どもの感想	該当する内容
自然の音	庭	葉	風が気持ちよい！	3 歳以上（1）（2） 3 歳未満（1）（5）
人工の音	台所	包丁・まな板	お腹空いた！	3 歳以上（1） 3 歳未満（5）

表 4-3-9　集めた音を聴いた時の子どもの感想と該当する内容

音の種類	場所	発生源	想像する子どもの感想	該当する内容
自然の音				
人工の音				

4 節　いろいろな楽器に親しむ

さまざまな楽器

　この節では、さまざまな楽器について学んでいきます。みなさんは、楽器を何種類ぐらい知っているでしょうか。文部科学省は、小学校や中学校の音楽の授業で使用する教材について、その整備に関する指針を示しています（表 4-4-1）。

　そのため、みなさんがこれまで小学校や中学校などの授業で目にする機会の多かった楽器として、ピアノ、鍵盤ハーモニカ、アコーディオン、リコーダーなどが挙げられると思います。地球上に存在する楽器の種類は非常に膨大なため、そのすべてを把握することは

表 4-4-1　小学校・中学校における教材整備指針（音楽・抜粋）

小学校		
機能別分類	例示品名	目安番号
発表・表示用教材	伴奏指導用教材（グランドピアノなど）	①
道具・実習用具教材	鍵盤楽器及び電子楽器（アコーディオン、鍵盤ハーモニカ、電子オルガン、電子ピアノ、電子キーボードなど）	③
	リコーダー（ソプラノ、アルト、テナー、バスなど）	⑧
中学校		
機能別分類	例示品名	目安番号
発表・表示用教材	伴奏指導用教材（グランドピアノなど）	①
道具・実習用具教材	鍵盤楽器及び電子楽器（電子オルガン、電子ピアノ、電子キーボードなど）	③
	管楽器（テナーリコーダー、バスリコーダー、フルート、クラリネット、トランペットなど）	⑧

注：目安番号の詳細
①（1校あたり1程度）　③（1学級あたり1程度）　⑧（とりあげる指導内容等によって整備数が異なるもの）

困難です。ここでは、慣習的な分類における、弦楽器、管楽器、打楽器、和楽器について取り上げます。

● 弦楽器

バイオリンとその仲間　弦楽器を代表する楽器として、バイオリン、ギターがあります。バイオリン（図4-4-1）は、楽器本体に張られた弦を、馬のしっぽの毛が用いられた弓で擦って、もしくは指で弾いて音を出します。ちなみに楽器本体に張られている弦には、主に「スチール弦」「ガット弦」「ナイロン弦」があります。それぞれの材質は、スチールは金属、ガットは羊の腸、ナイロンはナイロンやそれ以外の人工的な繊維です。バイオリンの仲間（バイオリン属）としてビオラ、チェロ、コントラバスが挙げられます。

図 4-4-1　バイオリン

バイオリン属の中で最も高い音を奏でられるのがバイオリンで、次にビオラ、そしてチェロと続き、コントラバスは主に低音を担当しています。低い音を演奏する楽器ほど、楽器本体のサイズは大きくなっています（コラム1　イラスト参照）。

　ギター　ギターは、演奏時に楽器本体から発せられる音や音色等の情報が電気信号によって増幅出来るかどうかによって、アコースティックギターとエレキギターの2種類に分かれます。アコースティックギターは電気信号による増幅は基本的には行われませんが、エレキギターの場合、アンプと呼ばれるスピーカーと接続することで大きな音量を出すことができますし、エフェクターと接続すれば音色にさまざまな変化を起こすことができます。なお、低音を担当するギター（ベースギター）を加えた3種類をギターとする場合もあります。演奏の際には、指や爪、ピックを用いて楽器本体に張られた弦を弾いて音を出します。

　バイオリンと同様にアコースティックギターに張られている弦には、金属、ナイロンなどの材料が使われています。一般的には、金属の弦が張られたギターはフォークギター、ナイロンの弦を張るギターはクラシックギターもしくはガットギターと呼ばれています。

● 管楽器

　管楽器は息を使って演奏します。音を発する仕組み（発音体）によって木管楽器と金管楽器の2種類に分かれます（表4-4-2）。

　木管楽器の発音体には、エアリード、シングルリード、ダブルリードが挙げられ、それぞれの発音体ごとの主な楽器として、エアリードはフルート、ピッコロ、リコーダー、シングルリードはクラリネット、サクソフォン、ダブルリードはオーボエ、ファゴットがあ

表4-4-2　管楽器の発音体と主な楽器

	発音体	主な楽器
木管楽器	エアリード	フルート、ピッコロ、リコーダー
	シングルリード	クラリネット、サクソフォン
	ダブルリード	オーボエ、ファゴット
金管楽器	リップリード	トランペット、トロンボーン、ホルン、ユーフォニアム、チューバ

表 4-4-3　発音体ごとの特長

発音体	特長
エアリード	吹き口の角に当たった空気の流れにより音を発する。
シングルリード	1枚のリードを振動させて音を発する。
ダブルリード	2枚のリードを振動させて音を発する。
リップリード	唇を振動させて音を発する。

図 4-4-2　シングルリードとダブルリードの違い

シングルリード	ダブルリード	
クラリネット、サクソフォン	オーボエ	ファゴット
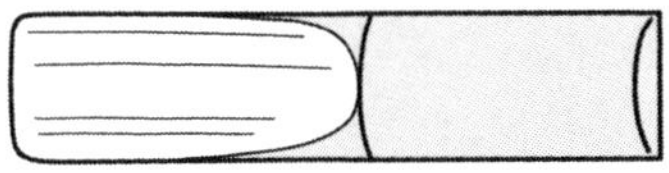		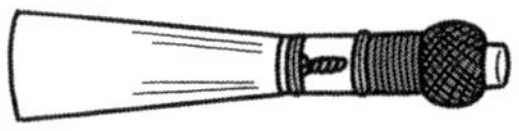

ります。金管楽器の発音体はリップリードと呼ばれ、主な楽器にトランペット、トロンボーン、ホルン、ユーフォニアム、チューバがあります。

　では、表 4-4-3 を見てください。

　フルート、ピッコロ、リコーダーなどの発音体であるエアリードは、吹き口の角に当たった空気の流れによって音が発せられます。

　クラリネット、サクソフォンの発音体であるシングルリード（図 4-4-2）は、1枚のリードが振動しダブルリードは1枚ではなく2枚のリードが振動することにより、それぞれ音が発せられます。リードはケーン（葦の仲間）と呼ばれる天然素材や合成樹脂で作られています。

　トランペット、トロンボーン、ホルン、ユーフォニアム、チューバの発音体であるリップリードは、唇を振動させて音を発します。

　管楽器は管の長さによって音域に違いが見られます。管の長さが短くなればなるほど高い音が、長くなればなるほど低い音が演奏できます。

● 打楽器
　みなさんは、打楽器と聞いて、どのような楽器を想像するでしょうか。打ったり、叩いた

表 4-4-4　音階が演奏できる打楽器

可能
・木琴（マリンバ、シロフォン）
・鉄琴（ビブラフォン、メタロフォン、グロッケンシュピール）
限定的に可能
・ティンパニ
不可能
・上記（木琴、鉄琴、ティンパニ）以外

表 4-4-5　音階を演奏できない打楽器の分類

①楽器同士を打ち合わせる、擦り合わせる、振る
カスタネット、カバサ、シンバル、タンバリン、マラカス、ベル（鈴）
②撥やマレット、スティックなどで楽器本体を叩く、擦る
アゴゴベル、カウベル、ギロ、ゴング、サスペンデッド・シンバル、スネア（小太鼓）、チャイム、トライアングル、バスドラム（大太鼓）
③楽器本体を手で叩く
コンガ、ジャンベ、タンバリン、ボンゴ

りして音を出す、というイメージをもっている人が多いと思います。打楽器は、標準的な奏法を用いた場合における音階の演奏の可不可によって分類することができます（表 4-4-4）。

　音階を演奏できる打楽器には、マリンバ、シロフォン、ビブラフォン、などがあり、音板の材質が木製の楽器の総称を木琴、金属製を鉄琴と呼んでいます。限定的に音階の演奏が可能な楽器として、ティンパニがあります。皮の張り具合を変化させることで、限定的ではありますがさまざまな音程で演奏ができます。

　表 4-4-4 の「不可能」（音階が演奏できない）の打楽器は、音の出し方で 3 つに分類することができます（表 4 4 5）。第 1 に、楽器同士を打ち合わせる、もしくは擦り合わせたり振ったりして音を出す楽器です。カスタネット、カバサ、シンバル、タンバリン、マラカス、ベル（鈴）などがあります。第 2 に撥やマレット、スティックなどで楽器本体を叩いたり擦ったりすることで音を出す楽器です。アゴゴベル、カウベル、ギロ、ゴング、サス

表 4-4-6　日本の伝統的な楽器

弦楽器
箏（こと）、三味線
管楽器
尺八、篠笛、笙（しょう）、能管、篳篥（ひちりき）、竜笛（りゅうてき）
打楽器
当たり鉦（あたりがね）、板ささら、大鼓（おおつづみ）、桶胴（おけどう）太鼓、小鼓（こつづみ）、チャッパ、附締（つけじめ）太鼓、長胴（ながどう）太鼓、平胴太鼓

ペンデッド・シンバル、スネア（小太鼓）、チャイム、トライアングル、バスドラム（大太鼓）などがあります。第3に楽器本体を手で叩いて音を出す楽器です。コンガ、ジャンベ、タンバリン、ボンゴなどがあります。

　表 4-4-5 に記した楽器で音階の演奏を行うことは不可能ですが、打ち合わせ方、振り方、撥などの材質や大きさ、手で叩く場所といった演奏の仕方を意識することで、音色に変化をつけることができます。

● 和楽器

　日本の伝統的な楽器も、先に述べた弦楽器、管楽器、打楽器を参考にした分類ができます（表 4-4-6）。普段目にする機会の少ない感じについて（　）にふりがなを記しておきました。

課題 1

　弦楽器、管楽器、打楽器、和楽器の中から、初めて名前を聞いた楽器を1つずつ選び、以下の（1）～（4）の内容について調べてみましょう。

（1）どのような材質で作られているでしょうか。

（2）実際に音が出るのは、楽器のどの部分からでしょうか。

（3）どのような音が出るのでしょうか。

（4）どのようなジャンルの曲を演奏するときに使われるのでしょうか。

バイエルって？　お稽古の歴史 はじめの一歩

バイエルって？

　作曲家フェルディナント・バイエル（Ferdinand Beyer, 1806 ~ 1863）は、ドイツの クヴェアフルトに生まれました。ドイツでは、作曲家、ピアニストとして活躍、彼の編曲した 曲は弾きやすいと評価され、音楽出版社ショット社で働いていました。バイエルは多くのピア ノ曲を発表しましたが、バイエルピアノ教則本を書いた、フェルディナント・バイエル本人に ついて書かれた本は一冊もないことが安田（2012）の研究・著書により指摘されています。 日本では昭和 35（1960）年 全音楽譜出版社より出版された上下二巻の『子供のバイエル』 は、表紙の色から「赤バイエル」「黄バイエル」と名づけられ、その当時のピアノ入門書とし て親しまれていました。日本の音楽文化として定着していた『バイエルピアノ教則本』は、ど のような運命をたどっていったのでしょうか……。

　バイエル・ピアノ教則本の正式のタイトルは、『フェルディナント・バイエル 作品 101 母 たちに捧げる最も幼い生徒のためのピアノ入門書、内容：楽典と 106 の手本、練習曲、訓練、 音階、そして小曲、付録：大好きな旋律による楽しい 100 曲』です（安田, 2012）。

お稽古の歴史

　日本から遠く離れたドイツの国より『バイエルピアノ教則本』は、どのようにして日本に 入ってきたのでしょうか。

　明治 12（1879）年、文部省内に設置された教育音楽の調査研究と教師養成機関である 音楽取調掛に、当時、最初に雇われた外国人教師であったルーサー・ホワイティング・メーソ ン（Luther Whiting Mason, 1818 ~ 1896）により、教科書として持ち込まれました。 メーソンが用いたバイエルピアノ教則本は、ボストンのカール・ブリューファー社から出版さ れた『バイエル初級教則本』という名称のアメリカ版でした。ちなみに安田（2012）は、 「初版『バイエルピアノ教則本』について、1850 年 8 月 13 日マインツのショット社にお いてバイエル初版 200 部発行との内容がショット社の古い記録に記載されていたこと、さら

に初版『バイエル教則本』として現存する楽譜には初版の特有の特徴が見られたこと等で考察した結果、バイエル初版本の現存を確認することができました。このことから、日本におけるバイエル文化の始まりが定まった。」と意味深く述べています。日本語版については、明治23（1890）年、教師として音楽取調掛に関わっていた雅楽師・作曲家の奥好義が、バイエル教則本を改編・簡略化した『洋琴教則本』を出版しました。洋琴とは、当時、ピアノのことを洋琴と呼んでいました。その後、大正4（1915）年にペータース社版、フェルヂナントバイエル著『ピアノ教則本』、大正13（1924）年 萩原栄一編著『バイエルピアノ教則本』等が出版されました。以後、現代に到るまでさまざまに編集されたバイエル教則本が出版されています。

はじめの一歩

　昭和30〜48（1955〜1973）年頃、日本の高度成長期、ピアノのレッスンはお稽古の定番として、子どもたちの世界に君臨していました。住宅街の家からは、子どもがピアノで奏でる「バイエル」のメロディが聞こえ、バイエルはお稽古の歴史のなかでも、子どものピアノのレッスン「はじめの一歩」を踏み出すための入門書として長く日本人になじまれ、絶大な信頼を得ていました。

バイエルの危機

　しかし、平成2（1990）年代の前後より、ピアノのお稽古をしている子どもや保護者より、バイエルへの信頼が揺らぎ始めました。

　それは昭和62（1987）年、『日本人の音楽教育』と題して、ロナルド・カヴァイエ（Ronald Cavaye）と西山志風の対談形式で書かれた著書『日本人の音楽教育』の中で「**バイエルをいまだ使っている国は日本だけ**」と指摘されたことが、バイエルに不安な影響を与えたと考えられています。その他の理由として、今から130年も昔にかかれた教則本であること、ドイツでは忘れられた教則本である、メロディーやハーモニー、曲の構成が単純等が挙げ

られています。

　しかし、バイエルが残した唯一のメッセージ「はじめに」には次のように記されています。

　　この小品は将来のピアニストができるだけやさしい仕方でピアノ演奏の美しい芸術に近

　づけることを目的としている。子ども、とりわけまだまだ可愛い子どものためのこの本は、

　小品に許されたページ数の範囲内でどの小さなステップでもうまくなってゆけるように

　作ったものである。以上のことからピアノ演奏で出会うあらゆる困難、例えば装飾音など

　についてもれなく網羅することはこの小品の目的ではあり得ないことを了解してほしい。

　実際、生徒が一年かせいぜい二年で習得できる教材を初心者に提供するための入門書を

　作ろうとしたに過ぎない。こうした内容の作品はおそらくこれまでになかったものである。

　この作品は、音楽に理解がある両親が、子どもがまだほんの幼いとき、本格的な先生につ

　ける前に、まず自分で教えるときの手引き書としても役立ててほしいものなのである。私

　はこの後に中級程度の難易度まで進む詳しいピアノ教則本を出版することを考えている。

（安田, 2012より）

　「はじめに」からは、バイエル自身が子どもの発達や身体的特徴を踏まえた上で、子どもの

小さな手で演奏可能な作曲がなされていることが、その作品を通して伝わってきます。さらに、

ピアノ演奏における基礎教育の大切さを後世の人々に伝えている、新たな側面が見出せる教則

本であると考えます。

第5章

自由な表現

1節　領域「表現」を踏まえた楽器の取り扱い

楽器分類における矛盾

　第4章4節「いろいろな楽器に親しむ」について思い出してみましょう。慣習的な分類における、弦楽器、管楽器、打楽器、和楽器について取り上げ、楽器の種類や、音が出る仕組みなどについて学びました。

　では、第4章4節にも掲載した表5-1-1を見ながら、課題1に取り組んでください。

表5-1-1　管楽器の発音体と主な楽器 （第4章第4節より）

	発音体	主な楽器
木管楽器	エアリード	フルート、ピッコロ、リコーダー
	シングルリード	クラリネット、サクソフォン
	ダブルリード	オーボエ、ファゴット
金管楽器	リップリード	トランペット、トロンボーン、ホルン、ユーフォニアム、チューバ

課題1

（1）　まず、表5-1-1でフルート（図5-1-1）は木管楽器と金管楽器のどちらに分類されているか確認してください。

　発音体がエアリードのため木管楽器に分類されていますが、現在のフルートは、グラナディラと呼ばれる木材を使われている楽器もあるものの、多くは、白銅や銀、金等の金属によって製作されることが

図5-1-1　フルート

図5-1-2　ホルン　　　　　図5-1-3　グランドピアノ　　　図5-1-4　アップライトピアノ

一般的です。金属によって製作されているフルートが、なぜ金管楽器ではなく木管楽器に分類されているのか、その理由について考えてみましょう。

（2）次に、表5-1-1でホルン（図5-1-2）は木管楽器と金官楽器のどちらに分類されているか確認してください。

　ホルンの発音体はリップリードで金管楽器に分類されています。また、真鍮等の金属で作られています。しかし、クラシックのジャンルで、フルート、オーボエ、クラリネット、ホルン、ファゴット、これら5種類の楽器で演奏される曲がありますが、この編成は「木管5重奏」と呼ばれています。5種類の楽器で演奏されるため5重奏であることに問題はないのですが、発音体と材質の点では金管楽器に分類されることに違和感をほとんど感じないホルンが、なぜ「木管」という名称が使われている編成に含まれているのでしょうか。その理由について考えてみましょう。

　課題1に取り組んでみて、どのような印象をもったでしょうか。管楽器における木管楽器と金管楽器の分類について取り上げてみましたが、この分類方法は正しいのでしょうか。発音体によって分類されているとはいえ、金属で作られているフルートは木管楽器に属し、フルートと同じように金属でできているホルンが編成によってはまるで木管楽器に属しているかのように扱われています。第4章4節で取り上げてはいませんが、ピアノについても考えてみましょう。一般的にピアノと呼ばれる楽器には、その形状からグランドピアノ（図5-1 3）とアップライトピアノ（図5-1-4）に分けられます。

　では電子ピアノ（図5-1-5・図5-1-6）はどのように分類されるのでしょうか。図5-1-5については見た目で電子ピアノと判断しやすいと思います。しかし、図5-1-4と図5-1-6は見た目が似ていますが、図5-1-6は電子ピアノです。第4章4節のギター（アコース

図5-1-5　電子ピアノ
（その１）

図5-1-6　電子ピアノ
（その２）

ティックギターとエレキギター）のように、図5-1-3〜5-1-6のすべてをピアノとするのでしょうか。形状が似ているという理由から図5-1-6の電子ピアノはアップライトピアノに分類されるのでしょうか。

　慣習的な楽器の分類では、さまざまな矛盾が存在していることに気付いていただけたと思います。これまで、楽器の分類についてはさまざまな研究が行われてきました。たとえば、中国では漢の時代に、楽器を金、糸、竹、石、匏（ふくべ）、土、革、木、これら8つの材質から分類する「八音」という分類法が確立され、朝鮮半島でも同様の分類が用いられた時代があります。また、13世紀以降のインドでは金属楽器、太鼓、弦楽器、管楽器による4分類法が確立されました。現在、学術的にスタンダードな楽器の分類方法の1つに挙げられるのが、ザックス＝ホルンボステル分類です。この分類方法を用いると、グランドピアノやアップライトピアノは「弦鳴楽器」に電子ピアノは「電鳴楽器（電気楽器）」に分類されます。しかし、この分類方法についても研究者によっては矛盾点が指摘されており、現在も、楽器の分類方法についての研究は行われています。情報（ここでいう情報とは、楽器の分類に関する内容です）は、受け取る側の視点によって変化します。そこで、「慣習的な楽器の分類」とは異なる分類方法である、先述したザックス＝ホルンボステル分類について、これから述べます。

ザックス＝ホルンボステル分類

　ザックス＝ホルンボステル分類は、ドイツに生まれアメリカで亡くなったザックス（Curt Sachs, 1881 〜 1959）とオーストリアで生まれたホルンボステル（Erich Moritz von Hornbostel, 1877 〜 1935）という2人の音楽学者によって提唱された分類方法で、当初は体鳴楽器、気鳴楽器、膜鳴楽器、弦鳴楽器、の4つの分類でしたが、のちに電鳴楽器（電気楽器）が加わって5分類となりました（図5-1-7）。

体鳴楽器　　気鳴楽器　　膜鳴楽器　　弦鳴楽器　　電鳴楽器

図 5-1-7　ザックス＝ホルンボステル分類

　この分類方法では、どのように音を出すのか（発音原理）が最も重要な要素になっています。まず、発音原理によって楽器は分類され、さらに演奏方法や形状によって細分化されています。

　体鳴楽器とは、いわゆる打楽器のうち膜や弦によってではなく楽器そのものの振動によって音が出る楽器であり、奏法（打つ、振る、弾く、擦る）によって、さらに4種類に分類されます。

　気鳴楽器とは空気を発音体とする楽器であり、楽器内に入った瞬間の空気が振動しているかどうかによって、管楽器（振動あり）と自由気鳴楽器（振動なし、オルガン、アコーディオン等）の2つに分類されます。

　膜鳴楽器とは、いわゆる太鼓であり、張力を持たせて張られた膜に刺激が与えられることにより音が出る楽器であり、細分化については、奏法以外にも、形状、材質など多岐にわたります。

　弦鳴楽器とは、弦の振動により音が出る楽器であり、共鳴する部分（共鳴胴や共鳴板）の形状や奏法（打つ、弾く、擦る）、によって細分化されます。

　電鳴楽器とは、電気を利用する楽器ですが、発音する際には電気を使わず電気信号に変えて増幅する電気増幅楽器と、発音そのものに電気を必要とする電気発振楽器に細分化されます。

　慣習的な楽器の分類とザックス＝ホルンボステル分類、その両方について理解しておくことで、表現の領域における「ねらい」や「内容」における楽器の取り扱いについて、より深く考えることが可能となります。

課題 2

第4章4節で、以下の楽器について取り上げました（表5-1-2）。

（1）ザックス＝ホルンボステル分類における5つの分類に該当する楽器を、表5-1-2の中から1つずつ選んで表5-1-3に記入してください（解答は183頁）。

表5-1-2　第4章4節で取り上げた楽器

弦楽器

・バイオリン属（バイオリン、ビオラ、チェロ、コントラバス）
・ギター（アコースティックギター、エレキギター）

管楽器

・木管楽器（フルート、ピッコロ、リコーダー、クラリネット、サクソフォン、オーボエ、ファゴット）
・金管楽器（トランペット、トロンボーン、ホルン、ユーフォニアム、チューバ）

打楽器

・音階もしくは限定的な音階が演奏可能
　（マリンバ、シロフォン、ビブラフォン、メタロフォン、グロッケンシュピール、ティンパニ
・音階演奏は不可能
　（カスタネット、カバサ、シンバル、タンバリン、マラカス、ベル、アゴゴベル、カウベル、ギ
　ロ、ゴング、サスペンデッド・シンバル、スネア、チャイム、トライアングル、バスドラム、コン
　ガ、ジャンベ、ボンゴ）

和楽器

・弦楽器
　（箏、三味線）
・管楽器
　（尺八、篠笛、笙、能管、篳篥、竜笛）
・打楽器
　（当たり鉦、板ささら、大鼓、桶胴太鼓、小鼓、チャッパ、附締太鼓、長胴太鼓、平胴太鼓）

表5-1-3　楽器の選択

体鳴楽器	気鳴楽器	膜鳴楽器	弦鳴楽器	電鳴楽器
①	②	③	④	⑤

（2）表5-1-3に記入した楽器①〜⑤のうち1つの楽器を選んでください。選んだ楽器を
幼稚園での音楽活動で使用する場合に、どのような活動を行いますか。また、その活動を
通じて、子どもたちは何を感じたり、楽しんだりすることが予想されますか。表5-1-4に
記入してみましょう。

表 5-1-4　選択した楽器による活動

対象年齢・実施の時期	活動の内容
予想される子どもの活動	保育者（実習生）の援助・留意点

2 節　楽譜からの情報による印象の変化

楽曲の構成

　ピアノを例に説明すると、音の高さの違いはありますが、基本的にはドからシまでの 7 つの白い鍵盤とドのシャープ（以後、シャープを♯、フラットを♭と表記）等の 5 つの黒い鍵盤、これら 12 の鍵盤から出る音をさまざまに組み合わせることで、多くの音楽は作られています。そして、それらの音楽はメロディー、リズム、ハーモニーに加え、音色、調性、テンポ、編成等によって、その印象は変化します。そこにはある一定の法則が存在し、楽曲の印象に与える影響が強い傾向にあるのが、「音楽の 3 要素」（メロディー、リズム、ハーモニー）です。この節では、保育の現場で演奏する機会の多い楽器であるピアノでの演奏を前提に、選択した音によって聴いた人の印象がどのように変化するか学びます。

「音楽の 3 要素」が与えるさまざまな印象

● 日本的な印象
　日本的な印象を与える音群を譜例 5-2-1・5-2-2 にまとめました。なお、譜例 5-2-1 から

譜例 5-2-16 まで、書かれた音だけが演奏に使用できる、というわけではなく、音の高さを変えても問題はありません。左手で譜例 5-2-2 の音（ミ、ファ、ラ、シ）を同時に演奏し、右手で譜例 5-2-1 の音（レ、ミ、ファ、ラ、シ）を自由に使って演奏します。譜例 5-2-3 に、演奏例を示しました。細かなリズムをあえて演奏しないことで、より日本的な印象になります。

譜例 5-2-1　日本的な印象を与える音群（右手）　　　　譜例 5-2-2　日本的な印象を
　　　　　　　　　　　　　　　　　　　　　　　　　　　　　　　　与える音群（左手）

譜例 5-2-3　演奏例（日本的な印象）

● 中国的な印象

　中国的な印象を与える音群を譜例 5-2-4・5-2-5 にまとめました。左手で譜例 5-2-5 の音（ファ♯、ド♯）を同時に演奏し、右手で譜例 5-2-6 の音（ド♯、レ♯、ファ♯、ソ♯、ラ♯）を自由に使って演奏します。黒い鍵盤であれば、右手はどこを弾いても大丈夫です。譜例 5-2-6 に、演奏例を示しました。

譜例 5-2-4　中国的な印象を与える音群（右手）　　　　譜例 5-2-5　中国的な印象を
　　　　　　　　　　　　　　　　　　　　　　　　　　　　　　　　与える音群（左手）

譜例 5-2-6　演奏例（中国的な印象）

● インド的な印象

　インド的な印象を与える音群を譜例 5-2-7・5-2-8 にまとめました。左手で譜例 5-2-8 の音（ソ、レ）を同時に演奏し、右手は譜例 5-2-7 の音（ソ、ラ、シ、ド、レ、ミ、ファ）を使って演奏します。譜例 5-2-9 に、演奏例を示しました。もし、キーボードや音色が設定できる電子ピアノを用いることが可能な場合には、シタール、もしくは 12 弦ギターに設定すると印象が強まります。どちらの楽器も、慣習的な分類では弦楽器、ザックス＝ホルンボステル分類では弦鳴楽器となります。

譜例 5-2-7　インド的な印象を与える音群（右手）

譜例 5-2-8　インド的な印象を与える音群（左手）

譜例 5-2-9　演奏例（インド的な印象）

● アラビア的な印象を与える演奏

　アラビア的な印象を与える音群を譜例 5-2-10・5-2-11 にまとめました。右手で譜例 5-2-10 の 1 小節目の音（ド、レ♭、ミ、ファ、ソ）を使う際は、左手は譜例 5-2-11 の 1 小

譜例 5-2-10　アラビア的な印象を与える音群（右手）

譜例 5-2-11　アラビア的な印象を与える音群（左手）

譜例 5-2-12　演奏例（アラビア的な印象）

節目の音（ド、ソ、ド）を、右手で 2 小節目の音（ソ、ラ♭、シ、ド、レ）の音を使う際は
左手も譜例 5-2-11 の 2 小節目の音（ソ、レ、ソ）を使って演奏します。譜例 5-2-12 に、
演奏例を示しました。「日本的な印象」から「インド的な印象」の演奏例（譜例 5-2-3・
5-2-6・5-2-9）では、左手は複数の音を同時に弾いて伸ばすだけでしたが、譜例 5-2-12 で
は左手にリズムが伴います。

● スペイン（フラメンコ）的な印象を与える演奏

　スペイン（フラメンコ）的（以後、スペイン的）な印象を与える和音を譜例 5-2-13 にま
とめました。この 3 つの和音を使って演奏するだけでスペイン的な印象を受けますが（譜
例 5-2-14）、同じ和音の連結でも少しリズムを変化させることで、その印象は強まります
（譜例 5-2-15）。この和音の連結とリズムを用いた演奏例を譜例 5-2-16 に示します。

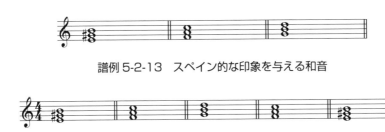

譜例 5-2-13　スペイン的な印象を与える和音

譜例 5-2-14　スペイン的な印象を与える和音の連結

譜例 5-2-15　スペイン的な印象を与えるリズム

譜例 5-2-16　演奏例（スペイン的な印象）

● 相反する印象

　ここでは、相反する印象を与える音について取り上げます。

　譜例 5-2-17 の 1 小節目（左側）と 2 小節目（右側）で、どこが異なっているか良く見比べてください。いずれの小節でも、最初の 3 つ、左手で演奏する音はド、ソ、レで全く同じです。残りの 3 つ、右手で演奏する音が、1 小節目はミ、シ、ファ♯、2 小節目ではミ♭、シ♭、ファとなっています。ピアノで演奏する鍵盤の位置は、最初の 3 つの音（ド、ソ、レ）は左右の小節のどちらも同じ場所で、残りの 3 つの音のときは、1 小節目で演奏する鍵盤の 1 つ左側（半音下）をそれぞれ演奏します。演奏する鍵盤の位置が異なるのは残りの 3 つの音だけ、しかもその違いはわずかです。しかし、その印象は大きく変化します。1 小節目を演奏することで「癒し」や「リラックス」を、2 小節目では「緊張」や「危機感」を感じます。わずかな音の違いにより、その印象が大きく変化することを覚えておいてください。

譜例 5-2-17　相反する雰囲気を印象付ける旋律

課題 1

　第 5 章 2 節で示した演奏例について、実際に演奏してそれぞれの印象の違いを感じてください。

五線譜の可能性

● 五線譜の基本的なルール

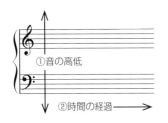

譜例 5-2-18
五線譜における基本的なルール

　音楽活動や楽器の演奏に必要な情報は、多くの場合、楽譜から得られています。現在、使われている楽譜のほとんどは五線譜に書かれており、五線譜の基本的なルールとして次の2点があります（譜例 5-2-18）。第1に、五線譜に書かれる音符の位置は音の高さと関係しており、音符が書かれる位置は、演奏される音が高くなるにつれ上昇し、反対に低くなるとともに下降します。第2に、時間の経過とともに五線譜は右に読み進められていきます。

　楽譜は五線譜に書かれた情報を正確に読み取ることで、音楽的な表現の部分を除き、誰が演奏しても同じ演奏になる、という点で非常に有効な情報伝達方法の1つであると言えます。しかし、この節で先に述べている、特定の音を用いての自由な演奏を行うときなどでは、演奏内容のすべてを五線譜に正確に記載することが、非効率な場合や困難な場合があります。

　ここでは、基本的なルールを守りながら、第5章3節での取り組みに向けて、五線譜のもつ情報伝達の可能性について学びます。

● 音符を用いない情報伝達

　五線譜に書かれたさまざまな音符は、拍子記号との関係性をもとに長さが定められています。譜例 5-2-19の1～2小節目の音はすべてド（1点ハ）ですが、その長さ（音価）は1小節目では1拍、1拍、2拍、2小節目では4拍です。これらの情報について音符を用いずに伝えようとすると、1つの例として3～4小節目のように棒線を使って表現することも可能です。このように、棒線の長さによってそれぞれの拍数を表すことで、拍子記号や4分音符や2分音符、全音符の拍数を理解していない人にとっては、音符によって表現された場合と比べ、どのように演奏すればよいか、そのイメージを持ちやすくなることも考えられます。

譜例 5-2-19　音符を用いない情報の伝達方法（音の長さ）

譜例 5-2-20　音符を用いない情報の伝達方法（音量）

　さらに、音の強弱についても同様の表現が可能です（譜例 5-2-20）。譜例 5-2-20 の 1 小節目には「フォルテ」（強く）という情報が記されています。この情報を伝達する方法の 1 つとして、棒線の太さを変化させる方法が考えられます。

課題 2

　記入例（譜例 5-2-19・5-2-20）を参考に、五線譜における基本的なルールを守って音符を使わずに（線等を使って）、譜例 5-2-3（152 頁）もしくは譜例 5-2-9（153 頁）の楽譜を書いてください。

3 節　素材を生かした音作り

子どもの自由な表現への対応

　子どもは、さまざまな場面において、自由な表現を展開していきます。そのようなとき、子どもの想いを受け止め、適切な支援、援助が行えるようになるためにはどのような知識や技術が必要でしょうか。

　譜例 5-3-1 を見てください。いずれの小節も、4 分音符のソが 4 つ並んでいますが、1 小節目にテヌート（音価 8/8）、2 小節目には特に指定がなく（音価 7/8）、3 小節目にはスタッカート（音価 4/8）、4 小節目にアクセント（音価 5/8）が付いています。

　アーティキュレーションが変化することで、音色やテンポが同一でも、聴いた時の印象

譜例 5-3-1　アーティキュレーションの例

は変化します。子どもが、木の棒などで何かを一定のリズムで叩いている場面を想像して
下さい。譜例 5-3-1 の 1 小節目（テヌート）のように叩いているときと、3 小節目（スタッ
カート）もしくは 4 小節目（アクセント）のように叩いているときとでは、子どもの想い
は同一でしょうか。

　音楽に関わる表現については、保育の現場で行われる機会の多い子どもの歌の弾き歌い
でのピアノ演奏や、複数の楽器を用いる合奏の際に求められるピアノ以外の楽器の演奏ス
キルも大切ですが、子どもと関わる保育者自らが、子どもと同様に自由な表現を行えるこ
とや、子どもの表現の微妙な違いに気付くことが重要です。自由な表現を行える発想、発
想を演奏する技術、音色や音量、リズムの変化を聴き分ける力などの有無によって、子ど
もの気持ちの受け止め方に大きな違いが生じることが考えられるからです。そこで、この
節ではこれまでに学んだことを生かし、自由な音楽的表現に取り組みます。

楽器を用いた自由な表現

課題 1

　第 5 章 2 節に示した「五線譜の基本的なルール」に基づき、演奏時間 1 分のオリジナ
ル曲（独奏）を作曲することに挑戦します。五線譜を用いて楽譜を作成するとともに、そ
の楽譜を実際に演奏してください。楽譜作成から演奏までの手順については表 5-3-1 を、
楽譜作成の記入例については表 5-3-2 を参考にしてください。

　「②演奏楽器の選択」の「取り組む内容」に下線が付けられた部分があります。音のみ
を聴いた場合と言葉を含む音を聴いた場合とでは、言葉を聴くことでイメージが固定化さ
れる影響により、その印象が大きく異なります。特に、曲中でタイトルを連呼したような
場合には、タイトルと演奏から受ける印象の整合が取れていないような場合にも、まるで
整合が取れているかのような錯覚に陥ってしまう可能性について否定できません。そのた
め、「歌（歌詞）は除く」と指定しました。

表 5-3-1 演奏時間 1 分のオリジナル曲（独奏）の作成手順

項目	取り組む内容
①タイトルの決定	オリジナル曲で表現したい内容を考え、曲のタイトルをつける。
②演奏楽器の選択	タイトルにあった音色や音域を考え、その演奏に最適な楽器を選択する。使用する楽器の種類・数について制限は設けない。ただし、歌（歌詞）は除く。
③五線譜の選択	使用する楽器によって使用する五線譜の種類を決定する（パート譜、大譜表、総譜等）。
④構成の検討	曲の構成について検討し演奏時間の配分を決定する。下記の例を参考にせず作成しても良い。 例) A―A´ A―B―A A―A―B―A A―B―C
⑤楽譜の作成	楽譜を作成する。演奏する内容については音符や楽語で記入しても、線や点、図形等を用いても良い。音符で記入する場合は必ず音部記号（ト音記号、ヘ音記号等）を記入すること。
⑥試奏	完成した楽譜をもとに試奏を行う。
⑦楽譜の修正	試奏により、タイトルと内容の整合がとれていない個所を修正する。修正が完了するまで「⑥試奏」と「⑦楽譜の修正」を繰り返し行う。
⑧演奏の披露 　演奏の鑑賞	完成した楽譜を人前で実際に演奏する。 タイトルに込められた演奏者の意図や、視覚からの情報（楽譜）と聴覚からの情報（音）の整合性について、確認しながら演奏を鑑賞する。

表 5-3-2 音符を使わずに楽譜を作成する場合の記入例

内容	代替例
音符の長さ	線の長さ（長短） 図形のサイズ（大小）
強弱	線の幅（広狭） 線の色（濃淡）
音色	線の色（濃淡） 図形の形（丸形・角型）
テンポ	矢印の向き（左右） 矢印のサイズ（大小）

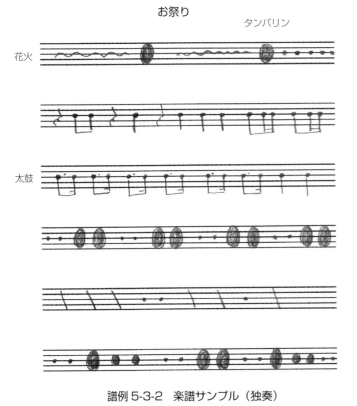

お祭り

タンバリン

花火

太鼓

譜例 5-3-2　楽譜サンプル（独奏）

譜例 5-3-2 は、学生が作成した楽譜を筆者が部分的に写譜したものです。タイトルは「お祭り」で、使用する楽器は「タンバリン」が指定されており、1〜2段目は花火を、3段目以降は太鼓をイメージして作成されています。

1段目の波線ではタンバリンを振って、黒丸（●）では手で叩いて音を出します。●の大きさ（大、小）の違いは音量の差を表しており、大きいところは手のひら全体で、小さなところは指先で叩きます。

1段目では図が用いられていますが、2〜3段目は音符が用いられています。これは、1段目と比べ、2〜3段目ではより正確な時間の経過（テンポ、リズム）を意識した演奏を行うためです。

5段目の斜めの線（＼）では、タンバリンを上から下に振りぬいて音を出します。

6段目では●の大きさが3種類（大、中、小）に増えており、この段の最後の5つの●ではデクレッシェンド（だんだん小さく）が表現されています。

課題 2

課題1において、タイトルに込められた演奏者の意図や、視覚からの情報（楽譜）と聴覚からの情報（音）の整合性について確認をしながら、他者の演奏を鑑賞しました。

演奏を鑑賞して自分はどのように感じたか、また、他の鑑賞者はどのように感じたか、グループディスカッションを通じて、その共通点や相違点について確認しましょう。もし可能な場合は、タイトルに込められた意図について演奏者（作曲者）に、直接確認し、自

らが感じたことと作曲者の意図についても、共通点や相違点について確認してみましょう。

身近な素材を用いた自由な表現

　表4-3-2（132頁）を見てください。この表には『幼稚園教育要領』、『保育所保育指針』、『幼保連携型認定こども園教育・保育要領』の表現の領域における「2　内容」の（1）について記載されていました。表内の上部に「（1）生活の中でさまざまな音、色、形、手触り、動きなどに気付いたり、感じたりするなどして楽しむ」とあります。ここでは「2　内容」に記された「音」だけでなく、「色」「形」「手触り」「動き」も含めた音楽的表現について学びます。さらに、同じ表の中段あたりに「（1）水、砂、土、紙、粘土などさまざまな素材に触れて楽しむ」の記載もあります。そこで、ここでの学びでは、目的を考えながら種類を選択することができ、また、身近に存在していて入手が比較的容易な素材である「紙」を用います。

　一概に紙といってもその種類は多岐にわたります。紙の種類によってどのような特徴、特性があるか考えながら、課題3・課題4に取り組んでください。

課題3

　クラフト紙、タック紙、ロール紙、わら半紙、書籍本文用紙、エアメールボンド、奉書紙等、種類の異なる数種類の紙に対して「丸める（手触りの確認）」「丸めた紙同士を打ち合う（音の響きの確認）」「引っ張る（紙の強度の確認）」「ちぎる（音の違いの確認）」等の行動を行い、それぞれの紙のもつ特徴について、表5-3-3に記入してください。上記の紙が用意できない場合は、他の紙を用いても問題ありません。ただし、可能な限り多くの種類の紙に対して、上記の行動を行ってください。

課題4

　課題3で取り組んだ内容にもとづき、3名〜6名で演奏するオリジナルの合奏曲（演奏時間2分〜3分）を作曲します。課題1と同様に、第5章2節に示した「五線譜の基本的なルール」に基づき、五線譜を用いて楽譜を作成します。ただし、課題4では楽器を使わず、紙から発せられる「音」を使って演奏を行ってください。楽譜作成から演奏までの

表 5-3-3　それぞれの紙における特徴

	丸める （触感）	打ち合う （響き）	引っ張る （強度）	ちぎる （音高）	その他 （　　）
クラフト紙					
タック紙					
ロール紙					
わら半紙					
書籍本文用紙					
エアメールボンド					
奉書紙					

表 5-3-4　オリジナル曲（合奏）の作成手順

項目	取り組む内容
①共演者の決定	一緒にオリジナル曲の作曲・演奏を行う共演者を決定する。編成はトリオ（3重奏・3名）からゼクステット（6重奏・6名）までとする。
②タイトルの決定	オリジナル曲（合奏）で表現したい内容を考え、曲のタイトルをつける。
③五線譜の使用方法	編成がトリオ（3名）〜ゼクステット（6名）のため総譜による楽譜を作成する。
④構成の検討	表 5-3-1 の「④構成の検討」と同様に構成を検討する。
⑤楽譜の作成	楽譜を作成する。紙を用いた明確な音階の演奏は困難なことから、演奏する内容の記載について、基本的には線や点、図形等を用いる。ただし、紙が発する音の高低や、音が出るタイミング（同時に出す音は上下の位置を合わせる等）について正確な記譜を行う。
⑥担当部分の検討	完成した楽譜をもとに、演奏する部分と演奏に用いる紙の担当を検討する。
⑦楽譜の修正	試奏により、タイトルと内容の整合がとれていない個所を修正する。
⑧演奏の披露 　演奏の鑑賞	完成した楽譜を人前で実際に演奏する。 タイトルに込められた演奏担当グループの意図や、視覚からの情報（楽譜、音を発する際の紙の使い方）と聴覚からの情報（音）の整合性について、確認しながら演奏を鑑賞する。

手順および注意点については表
5-3-4 を参考にしてください。

　譜例 5-3-3 は、譜例 5-3-2 と
同様に、学生が作成した楽譜を
筆者が部分的に写譜したもので
す。タイトルは「夏の1日」で、
4人で合奏することを想定して
作成されています。

　「風」「カモメ」「海」の3つ
の音は、いずれも波線を用いて
書かれており、片手もしくは両
手で紙をもち、風をおこすよう
に扇ぐことで音を出しますが、
高さや形の違いを表現するため
に紙を使い分けます。海は「固
い音質で最も高い音」を、風は

譜例 5-3-3　楽譜サンプル（合奏）

「海より柔らかい音質で低めの音」を、カモメは「風と同様の音質で3つの中で最も低い
音」を、出すことができる紙をそれぞれで用います。「ペタ」と表記された「足音」「魚」
は、タック紙の粘着性を利用して音を出し、「足音②」では軽い音質になるよう、紙を丸
めて叩くことで音を出します。

課題 5

　課題4においては、タイトルと楽譜および音との整合に加え、視覚からの新たな情報
としての「音を発する際の紙の使い方」との整合性についても確認しながらの鑑賞を行い
ました。視覚からの情報が増えることにより、聴覚からの情報（音）に対する印象や意識
にどのような変化を感じたか、グループディスカッションを通じて、他のメンバーとの共
通点や相違点について確認しましょう。

手作り楽器

　保育の現場では、さまざまな楽器が使われています。そのほとんどは、音楽に関わる活動に使用されていますが、時には、遊びに用いられる場合もあります。しかし、中には、遊びの中で玩具として楽器が取り扱われることに対して、楽器自体が高価、遊びに使うことで怪我をするおそれがある（形状や重量）等の理由により、使用が容認されないケースも考えられます。

　音楽に関わる活動の延長として、子どもの思うとおりに、遊びに楽器を用いても特に問題のないケースとして、手作り楽器の使用が挙げられます。

　課題 6 では、手作り楽器の製作に挑戦します。

課題 6

　ストロー、ハサミ、お菓子の袋（プラマークのあるもの）、セロハンテープを用意してください。

①ストローの先端を斜めにカットしてください（図 5-3-1）。切り口が鋭角になるようにカットすると（図 5-3-1：左側）、音が出やすくなります。

②斜めにカットしたストローの先端を、真っ直ぐになるようにカットします（図 5-3-2）。先端が刺さっても怪我をしないようにするための作業です（図 5-3-2：左側）。

③お菓子の袋を、ストローをカットした部分とほぼ同じ幅、セロハンテープで止める部分を確保した長さにカットします（図 5-3-3）。

図 5-3-1　カットされたストローの先端（左側：○、右側：△）

図 5-3-2　先端の処理（左側：○、右側：×）

図 5-3-3　袋のカット

図 5-3-4　完成図

④ストローの先端に、カットしたお菓子の袋をセロハンテープでとめたら完成です（図5-3-4）。お菓子の袋がついているほうを咥えて息を吹き込むと面白い音が出ます。もし、音が出にくいときは、「冬の寒いときに、手を温めるときのような息」をイメージして息を吹き込んでみてください。遊ぶときは、ソーシャルディスタンスを十分に確保してください。

4節　心と身体の動き・リトミック

　乳幼児に対するリトミック指導法は、乳幼児の身近な生活の中に題材を求め、動き、歌い、演奏することによって、乳幼児の感性を養い、音楽を楽しいと感じる姿勢を引き出していくように行われます。

　ダルクローズはリトミックの理念として、子どもたちが感覚を通して経験し主体的に表現する心を育む大切さ、指導者自らが自分で教材を創作し自分自身のやり方を探求することをうたっています。そのような観点を大切にしながら、以下の内容を学んでいっていただきたいと思います。

具体的な指導内容

　大きく分けて以下7種類に指導内容が分類されます。
① 即時反応
② ニュアンス（強弱・速度・音高）
③ 基礎リズム
④ アクセントと拍子
⑤ リズムパターン…基礎リズムを組み合わせてパターン化したものです。音楽の基礎となるさまざまなリズムの組み合わせを動きながら感じていくことをねらいとした活動です。
⑥ ソルフェージュ
⑦ 動きの基礎練習

この節においては、即時反応・ニュアンス・基礎リズム・アクセントと拍子・ソルフェージュ・動きの基礎練習の具体的な指導内容例を挙げます。

● 即時反応

音楽を聴いてすぐに身体でその合図に反応して動くことを指します。音・音楽が言葉の代わりとも言えます。リトミックの根底を流れる考えを具現化する活動で最も重視されている活動内容です。

音・音楽を聴いてそれに即した動作を主体的に行えることをねらいとした活動です。

指導例　おさんぽ

◇ねらい　音楽の合図に素早く反応します。

◇対象年齢　2歳児・3歳児

◇方法

①ピアノの音にあわせて歩きます。使用するピアノ曲は「おさんぽ」。子どもたちが慣れ親しんでいる曲や季節によって変化させるのも良い方法です。

②ピアノの音が止まったらストップします。

③ピアノの低音が聞こえたら、その音のイメージを子どもたちと意見の共有をして動作を決め反応します。

④低音、止まるを組み合わせて行います。

⑤音のトレモロが聞こえたら、その音のイメージを子どもたちと意見の共有をして動作を決め反応します。

⑥止まる、低音、トレモロを組み合わせて行います。

◇留意点

＊合図がしっかりと子どもたちの中に定着してから、合図を増やして行います。

＊慣れてきたら、ピアノのテンポをさまざまに変化させて行います（走る・スキップ等）。

＊即時反応は音楽が言葉の代わりとなります。過度に言葉に頼らずに子どもたちが音楽を聴いて動けるような配慮を心がけましょう。

＊合図はさまざまなタイミングで取り入れましょう。

＊年齢や子どもたちの状態によっては予めこの合図でこのような動作をすると指導者が決めておいても良いですが、子どもたちの自由な発想を取り入れて行えるようでしたら意見を共有しながら活動を進めましょう。

指導例　電車ごっこ

◇ねらい　合図に素早く反応して表現します。

◇対象年齢　４歳児・５歳児

◇方法

①床に人数分のフラフープを並べます。ピアノの音に合わせて踏まないように歩きます。ピアノが止まったら近くのフープの中に入ります。

②ピアノが止まったときに「足」「手」「膝と頭」などの指示をして、言われた身体の部位をフープの中に入れます。

③フープを２人に１個渡して電車ごっこをします。走っている途中でアクセント音が聞こえたら、運転手さんを交代します。

電車ごっこ　歩く

電車ごっこ　走る

電車ごっこ　走る

◇留意点

＊フラフープは滑る危険性があるので、子どもたちと活動前にしっかり約束してから行います（縄で代用しても良いです）。

＊歩く曲や走る曲は適宜繰り返して弾き、ストップする場面がフレーズの終わりにばかりにならないように留意します。

＊２人組で電車になると楽しいあまりに、ピアノのテンポを無視してスピードを上げてしまう恐れもあります。ピアノの音をよく聴いて活動するように促すとともに、ピアノのテンポにも速い遅いの変化をつけて行います。

● **ニュアンス（強弱・速度・音高）**

音楽にニュアンスはつきものです。それらを実際に身体表現を通して感じることで実体験として音楽を身につけることをねらいとした活動です。

指導例　バスごっこ

◇ねらい　速い・普通・遅い速度を感じながら動作を行います。

◇対象年齢　３歳児・４歳児

◇方法

①１人ひとりがバスの運転手さんになって「バスにのって」の歌詞に合わせて動きます。

②ピアノの単音が２つなったら友だちと２人組（３つ３人組・４つ４人組……）となり、運転手役、お客さん役を決めていろいろな友だちと一緒にバスごっこを楽しみます。

③最後はバスの車庫に入って（予め場所を決めておいて）終了します。

バスごっこ

◇留意点

＊歌の速度を速くしたり、遅くしたりしてニュアンスの変化を楽しめるようにします。

＊歌詞にはないいろいろな道を子どもたちと考えて（高速道路・坂道・曲がりくねった道等）活動を展開します。

＊子どもたちが速い・普通・遅いをしっかりとらえられるように、「今バスはどのように走っているかな」等声かけをしながら、活動を進めましょう。中には暴走する子どももいるので、そのようなときはいったん活動を止め、全体に指導をしてから活動を再開してください。

● 基礎リズム

　音楽を構成する要素である音符や休符のことを基礎リズムと呼びます。音符や休符の長さ等を頭から覚えるのではなく、その長さやリズム感覚を身体で感じてつかむことをねらいとした活動です。乳幼児期のリトミックで取り扱うのは、8分音符・4分音符・2分音符・全音符・4分休符の基礎リズムが主です。

指導例　うさぎとかめ

◇ねらい　絵本の世界を再現しながら、8分音符と2分音符のリズムを聞き分けます。

◇対象年齢　2歳児・3歳児

◇方法

①『うさぎとかめ』の絵本を見ます。

②絵本の世界観をリトミックで表現します。

・うさぎになって走って行きます（8分音符）。

・「あーくたびれた」とうさぎは一休みします。

・かめがゆっくり歩いています（2分音符）。

・かめに追い越されたうさぎは目を覚まして走り始めます。（8分音符）　かめがゴールします。

うさぎとかめそれぞれのグループに分けて、それぞれの音楽が聞こえてきたら動く方法にも発展できます。

◇留意点

＊子どもたちそれぞれの絵本に対する感じ方を大切しながら活動を進めていきましょう。

＊本例のように絵本を通して視覚的にイメージを膨らませてリトミックにつなげていく活動は劇遊びにも発展することができ、さまざまな可能性を秘めた活動です。『はらぺこあおむし』『おおきなかぶ』『三びきのこぶた』等の絵本を活用してリトミックの内容とつなげて考えてみましょう。

＊ともすると劇遊びのようになってしまい、音符や休符の長さやリズム感覚を身体でつかむ、活動のねらいからそれてしまう恐れもあります。ねらいを常に頭に入れて活動を進めていってください。

● アクセントと拍子

　音楽を捉える上で、拍子感覚を養うことはとても大切な要素です。リトミックでは手合わせをしたり、ボールの受け渡し、ダンス、肩たたき等を取り入れ、身体で拍子感覚を養うことをねらいとした活動です。

指導例　せっせっせっ

◇ねらい　２、３、４拍子を感じとります。

◇対象年齢　４歳児・５歳児

◇方法

①２人組で向き合い「まつぼっくり」「ぞうさん」「やきいもグーチーパー」の曲に合わせてせっせっせっをします。

②スキップの曲が聞こえてきたら、今組んでいた友だちと別れて、それぞれ好きな場所にスキップで動きます。

③スキップの曲が止まったら新しい友だちを探して、２人組になって座ります。

④「まつぼっくり」「ぞうさん」「やきいもグーチーパー」の曲にあわせてせっせっせっをします。

⑤ピアノの音量が大きくなったら大きな動作で、小さくなったら小さい動作でせっせっせっをします。

＊まつぼっくり（２拍子）

　　　　1拍目 ♩（自分で手をあわせる)2拍目 ♩（友だちとあわせる）

＊ぞうさん（3拍子）

　　　　1拍目 ♩（自分で手をあわせる)2、3拍目　　♩（友だちとあわせる）

＊やきいもグーチーパー（4拍子）

　　　　1拍目 ♩（自分で手をあわせる)2、3、4拍目 ♩（友だちとあわせる）

スキップの曲

◇留意点

＊季節に応じて、子どもたちが耳慣れている曲にあわせて、さまざまな曲で拍子感覚を
　養います。

＊自分で手をあわせる所は強く、友だちと手をあわせる所は優しくという言葉がけで、
　各拍子におけるアクセント感覚も養われます。

＊この活動の際だけではなく、普段、保育室で歌を歌う活動をしているときにも「せっ
　せっせっ」の活動を取り入れ、拍子感覚を養うように配慮することも大切です。

● ソルフェージュ

　音高、音の関係、音質の識別についての感覚を高める活動を通して、音楽を聴く耳を育
てることをねらいとした活動です。

指導例　ボディサイン

　◇ねらい　身体の高低の部位を触りながら歌うことで音の高低に気づく。

　◇対象年齢　4歳児・5歳児

　◇方法

　①「かえるのうた」の階名唱をボディサインを取り入れながら歌う。

　②5歳児・6歳児対象　慣れてきたら輪唱（歌の追いかけっこ）を行う。

◇動作

　　ド…両手は両膝に置きます。

　　レ…両腕（手）を下で斜め45度に広げます。

　　ミ…胸で両腕（手）をクロスさせます。

　　ファ…前ならいをします。

　　ソ…両手を両肩に置きます。

　　ラ…両手を両耳に置きます。

　　シ…両手を頭の上に置きます。

　高いド…万歳をします。

◇留意点

＊「チューリップ」（ハ長調）「きらきら星」（ハ長調）「まつぼっくり」（ヘ長調）「おお
　きなくりのきのしたで」（ハ長調）等いろいろな曲で行うことができます。

＊階名唱と一緒に行うようにすることで、歌を歌詞のみでなく幅広く捉えることにもつ
　ながります。

● 動きの基礎練習

　遊び、リズム遊び、ダンス等の中で出てくるさまざまな動作を分解して、その動きをス
ムーズにできるようにすることをねらいとした活動です。

　以下筆者の事例を載せます。

◇事例　スキップできた（5歳児　5月）

　リズム遊びの中で、なかなかスキップができなかったマナミ。ある日「先生どうしたら
スキップができるようになるかな」というマナミの言葉に筆者は「先生良い方法知ってい
るよ。一緒にやってみようか」と手をつなぎ、一緒に右足を出し出した足で跳ぶ。左足を
出して出した足で跳ぶ。その動作を繰り返し……何回かやっているうちに……マナミはぎ
こちない動作から徐々にスムーズにスキップができるようになりました。「先生家でも
やってみるね」と嬉しそうなマナミ。

　スキップができる・できないことが重要なのではなく、子どもたちの「できた」という
達成感を育てることが、保育においてとても重要です。そのためにはできない動きを分解

して、子どもたちにわかりやすく教えていく指導者の姿勢の大切さを示す事例です。

5節　身体のムーブメント

身体表現における「こころ」と「からだ」

　表現とは、目で見ることのできない「こころ」を「かたち」にして表すことであり、音楽や絵画、造形など、さまざまな表現方法の1つに「からだ」も含まれています。読者のみなさんの中には、「からだ」で表現することは難しい、身体表現の授業は苦手と感じている方もいるでしょう。しかし、赤ちゃんを想像してみてもわかるように、言葉でなくとも身体で、全身で自分の気持ちを表現することができます。筆者が担当する身体表現の授業では、「こころ」と「からだ」を用いた表現について学びます。それは、自由な発想やイメージによる自己表現を体験する授業であり、あらゆる表現を互いに認め合う授業です。学生が将来、保育者として子どもの表現を引き出すためには、保育者自身が豊かな感性を磨く必要があります。そのために、自由に身体を動かす楽しさを学び、他者の表現を尊重しながらグループで身体表現を創作します。

　本節では、保育者を目指して学んでいる学生、保護者の方々の参考になればという思いで、筆者が実践している身体表現授業の一部を紹介します。

オノマトペを題材にして動きを創作しよう！

● オノマトペとは？

　オノマトペとは、「擬音語」「擬声語」「擬態語」を総称したもので、たとえば、ドアをノックする音を「トントン」という言葉で表現する「擬音語」、生き物の鳴き声を「ワンワン」や「ニャーニャー」と表現する「擬声語」、人の様子や物事の現象を「ワクワク」や「キラキラ」と表現する「擬態語」があります。そして、オノマトペは身体表現活動を行う際の有効な言葉がけといわれています。子どもにとって、感覚的に物事をとらえられ

る、ストレートに言葉の意味を理解して身体で表現できるのが「オノマトペ」という言葉の特性なのです。

　あるオノマトペの言葉を思い浮かべたとき、言葉だけではなく、映像としてイメージも思い浮かんでくると思います。たとえば、「キラキラ」するものはさまざまありますが、自分が体験したこと、見たこと、印象に残る出来事などが映像として頭の中でイメージされ、このようなイメージの中に身体表現のヒントを見つけることができるのです。そこで、本項ではオノマトペを題材とした身体表現を紹介したいと思います。

● ワンモーションの動きを創作しよう

　本項では、実際に筆者が授業で行っている創作法を紹介します。まず初めに、どのようなものでも構わないので、オノマトペを1つ考えてください。たとえば、「ピョンピョン」というオノマトペがひらめいたとします。次に「ピョンピョン」というオノマトペは「何が」「どのように」「ピョンピョン」しているのかイメージしてください。「ウサギが跳びはねている」「カエルがジャンプしている」「カンガルーが……」など、人によってイメージはさまざまあります。次に自分が想像した「ピョンピョン」のイメージを身体で表現します。一振り（ワンモーション）の動きを表現するだけで構いません。身体で表現できない人は、実際に「ピョンピョン」と言いながら動きましょう。どのような「ピョンピョン」でも構いません。ここで大切なことは、自分のイメージから生まれた動きを否定

課題1　できるだけたくさんのオノマトペを書き出してみよう		
①オノマトペ	②何がどうなってる？	③どんな動き？
例：ピョンピョン	ウサギがジャンプ	
1.		
2.		
3.		
4.		
5.		
6.		
7.		
8.		

しないことです。そして、今度は「ピョンピョン」から生まれた動きを8呼間（8カウント）＝8回繰り返します。「ピョンピョン」の動きは、これで完成です。

　次に別のオノマトペでも挑戦します。「ドンドン」「グルグル」「ランラン」など、どのようなオノマトペでも構いません。

● オノマトペの動きで遊んでみよう（練習編）

　前項のようにオノマトペをたくさん書き出し、そのオノマトペがどのような動きになるのかイメージしたら、一振り（ワンモーション）の動きを創作します。そして、それを8呼間＝8回、繰り返します。さまざまなオノマトペを「動き」で表現してみてください。このようなイメージが苦手な人は、仲間同士で遊びながら、動きのバリエーションを増やしていきましょう。

　まず初めに、4～5人グループになり、1人が1～2個ほど、オノマトペの動きを考えます（図5-5-1）。このとき、グループ内で考えたオノマトペが重複すると、動きまで重複する可能性も考えられるため、グループ内で考えたオノマトペは重複しないほうが望ましいです。

　次にグループで順番を決め（①番、②番、③番……）、全員が円の内側を向くような円形の隊形になります（図5-5-2）。そして、それぞれ自分が考えたオノマトペの動きをメンバーに伝えて、動きを練習します。①番が考えたオノマトペの動きを他のメンバーも模倣しながら全員で動きます（図5-5-3）。「1・2・3・4……」と号令をかけながら、8呼間×2（合計16呼間）繰り返して動きます。次に②番が考えたオノマトペをメンバー全員で8呼間×2（合計16呼間）繰り返して動きます。この①番から②番に動きが移行するとき、動きが途切れないよ

図5-5-1　どんなオノマトペがあるのかな？

図5-5-2　円の隊形になって踊ろう！

図5-5-3　リーダーの真似をしよう！

うに意識すると、リズムに合わせて踊っている感覚が得られます。そして、③番、④番の動きへと移行していきます。最後のメンバーの動きを模倣し終えたら、再び①番の動きに移行します。1巡目の動きを繰り返しても良いし、動きを変化させても構いません。このようなローテーションが理解できたら、次は本番です。実際に音楽に合わせて踊ります。

【ワンポイントアドバイス！】

　自分が考えたオノマトペの動きを披露するときは責任を持って堂々と動きましょう！　自分の動きが止まれば、メンバーの動きも止まってしまいます。メンバーの動きを止めないように、自信を持って動いてもらうように自分自身が頑張って大きく思い切り身体を動かしましょう！

◇実際に筆者の授業で使用した曲
・夢をかなえてドラえもん（規格品番：COCC-16954）
・トライ・エヴリシング（ズートピア オリジナル・サウンドトラック／規格品番：AVCW-63141）
・にんじゃりばんばん（規格品番：WPCL-11383）
・ヒーロー（規格品番：MUCD-9010）

　武道ではよく「心身一如」という言葉が使われます。「こころ」と「からだ」は、1つであるという意味です。オノマトペの中でも擬態語は、声や音として実際には聞こえない感情を言葉で表現しているものもあります。「ワクワク」「プンプン」「メソメソ」「ルンルン」など、感情を身体で表現することは、人としての本来の姿なのだと思います。また、オノマトペは子どもが言葉を覚える過程において、身近な言語表現です。保育現場においてもオノマトペは、子どもの表現を引き出せる有効な言葉がけであり、保育者の問いかけに対する子どもの反応（動き）をヒントにしてリズムダンスを創作することもできます。

オノマトペ以外でも応用してみましょう

　前項では、オノマトペを題材にしましたが、本項では、同じような方法で「身体部位」

「動詞」「スポーツ」編を紹介します。

● 「身体部位」編

　これは、リズムダンスというよりも、ウォーミングアップとして身体をほぐすときに適した運動です。

　身体にはさまざまな名称があります。「頭」「首」「胸」「背中」など、思いつく限り身体の各部位の名称を書き出しましょう（図5-5-4）。次に書き出した身体部位を1つずつ、動かしますが、前項の8呼間＝8回のようにカウントやリズムを気にせず、程よい長さ（10〜15秒程度）で動かしてみましょう。

　この運動で最も大切なことは「できない！」と思わないこと、仲間の動きを否定しないことです。たとえば、「髪の毛」を動かそうと頭をスイングさせます。そのときに誰かが「それは髪の毛じゃなくて、頭が動いているんだよ」と否定するような発言をした途端に気持ちは落ち込み、自由な動きが失われるでしょう。この運動の目的は、想像力を働かせて、身体のさまざまな部位を動かすことです。その結果、あらゆる身体部位を動かして運動している身体を実感することです。否定的な思考は想像力を滞らせるので気をつけてください（図5-5-5）。

● 「動詞」編

　動詞は文字通り動きを伴う言葉であることから、オノマトペよりも具体的な動きをイメージすることができます。「跳ぶ」「泳ぐ」「走る」「転がる」など、どのような動詞でも構わないので、これまでと同様に思いつく限り動詞をたくさん書き出してみましょう。「書き出す＝可視化する」をメンバーで「共有」することもグループワークの目的の1つです。

【実際の授業で使用したイラストと学生の意見】

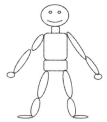

足、腕、膝、肘、お尻、手首、首、腰、頭足首、指先、肩、足先、足の付け根、口目、ふくらはぎ、かかと、足の裏、耳、手のひら、太もも、上腕二頭筋、鼻、おでこ、頬、まぶた、おへそ、髪の毛、舌、あご、爪、肩甲骨、背骨、背中、くるぶし、お腹

図5-5-4　たくさんある身体部位の名称

図5-5-5　いろいろな身体部位を動かそう！

課題2

「動詞」を30個書き出してみましょう！

　上記、書き出した動詞を用いて、オノマトペと同じように一振りの動き（ワンモーション）を8呼間×2回（合計16呼間）繰り返します。そして、4〜5人グループでオノマトペと同じようにローテーションで踊ります（図5-5-6）。

図5-5- 6　「動詞」を動きで表現してみよう

● 「スポーツ」編

　スポーツの動きは、その種目ならではの特徴的な動きがあります。たとえば、「サッカー」の動きといえば、サッカー経験がない人でも、テレビなどで観たことがあれば、想像することができます。筆者の授業では「エア・スポーツ」と題して、スポーツの動きを表現する授業があります。バレーボール、テニス、野球、フェンシング……など。まったく経験がないスポーツでも一流アスリート

図5-5-7　「スポーツ」のイメージで

になりきって表現することができます（図5-5-7）。この「エア・スポーツ」の良い点は、全員が名選手になれるということ。たとえば、テニスでは壮絶なラリーが展開されます。"エア"なので、鋭いスマッシュも互いに打ち返すことができるのです。

アレンジの一工夫

　これまで、オノマトペ・動詞・スポーツを題材として、動きがワンパターンにならない創作法を紹介してきました。本項ではさらに一工夫できるようなアレンジを紹介したいと思います。

● 「場所」「高さ」「かたち」
を変化させよう！

　ワンパターンな動きに見え
てしまう理由の１つに「場
所が変化しない」があります。
そこで、自分が考えた動きに
ついて、場所を移動すること
を意識しながら動いてみま
しょう（図5-5-8）。たとえば、
先ほどのオノマトペで紹介し
た「ピョンピョン」という動

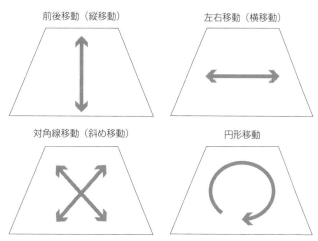

前後移動（縦移動）　　　　　左右移動（横移動）

対角線移動（斜め移動）　　　　円形移動

図5-5-8　基本的な移動パターン

きは、その場だけで動くのではなく、前後左右、あるいは斜めの前後左右、円を描くよう
に、８の字など、場所や進行方向を変化させると同じ動きでもバリエーションが増えます。
複数で踊る時は、いわゆる「隊形移動」を構成に加えると見た目の印象を変化させること
ができます。

　また、「高さ」を変化させることを意識すると動きの印象も変わります。たとえば「手
をたたく」という動きで説明します。腕をできるだけ伸ばして、手の位置が高くなるよう
に手をたたく。今度は、顔が床に触れそうなくらい低い姿勢で手をたたく。高い姿勢・低
い姿勢・その中間くらいの姿勢と、少なくとも３段階のバリエーションにすることがで
きます。

　次に「かたち」の変化ですが、自分の中で「○○しない」というルールをつくりながら
動くと面白い動きが即興的に生まれます。たとえば「両足を地面につけない」（必ず片足
で動く）、「手を使わないで動く」、「歩いて移動しない」など。無意識に当たり前に行って
いる動きをあえて制限して動きます。時間をかけて考えず、身体が反応するままに動いて
みましょう。

● 「１人で」「２人で」「グループで」「みんなで」

　読者のみなさんが保育者になり、子どもたち（年中さんまたは年長さん）と一緒に運動
会のお遊戯練習をしていると想像してみてください。お遊戯の振付構成を一工夫する方法

図 5-5-9　腕を組んだり手をつないだり

を紹介します。それは、子ども同士の関わりを発展させながら動く方法です。

　子どもたちが振付を覚えて踊ることができたら、その次は子ども同士で2人組になり、向かい合って踊れるように構成をアレンジしてください。手と手をタッチ、あるいは腕を組むような動きなど、子ども同士が触れ合う動きにチャレンジしてみてください。次に2人組同士で4人グループをつくりましょう。両手をつないで円形の隊形や電車のように縦に連なる隊形など、1人や2人ではできない動きができます。そして、ラストはクラス全員でウェーブなどタイミングをずらした動きや隊形移動など、一体感を演出するような動きにチャレンジしてみましょう（図5-5-9）。

　シンプルな動きでも子ども同士の関わり方を変化させることによって、見た目の印象も変化できるし、ラストに向けて盛り上げていくような演出になります。

誰でも夢中になれる身体表現──シン・ブンシ（新聞紙）先生の授業

　新聞紙を用いた身体表現の授業は、身体表現の本質を学ぶことができる教材として、とても優れています。「新聞紙の授業はダンスに対する抵抗感を取りのぞき、伸び伸びと踊るきっかけを作り出す教材として、モノ（新聞紙）を使った活動が意味をもち、可能性を秘めていることが授業の実践的検証によって明らかになった」との研究報告もあります（畝木, 2001）。これを踏まえて、著者の授業でも、以下のように新聞紙の授業を行っています。

（先生）**今日の先生は私じゃないんです。今日の先生は中国から来たシン・ブンシ（新聞紙）先生です！　シン先生は身体表現がとっても上手なんです！　だから今日は、みんなでシン先生の真似をして、上手になりましょう！**

　そして、新聞紙を床に置くと学生はシン先生になりきって、うつ伏せや仰向けの姿勢で床に寝ます。そこから、新聞紙の片隅をつまみ上げると、学生は片手や片足を床から離した体勢になります。今度は新聞紙をクシャクシャにすると学生は身体を丸めたり、蹴り上げると「痛い！　痛い！」と言いながら転がったりします。このように、身体を動かした後は、以下のような話をしています。

（先生）**みんなに質問です。（新聞紙をクシャクシャに丸めて）これを言葉で表現すると、どんな言葉になりますか？**
（学生）**「クシャクシャ」「グシャグシャ」等**

（先生）そうだね、クシャクシャだったり、グシャグシャだったりするね。じゃあ、今度は…（形を変えて再び新聞紙を丸める）、これは？

（学生）「クシャクシャ」「グシャグシャ」等

（先生）今のクシャクシャは先ほどと同じかたちですか？

（学生）違う……

（先生）見た目は違うのに言葉で表現すると、どちらも「クシャクシャ」になるね。世の中には言葉で表現することに限界があり、むしろ言葉で表現できないことの方が多いのではないでしょうか？　……シン先生の動きを真似したとき、言葉で表現できない動きがたくさんあると思いませんか？　……シン先生は身体表現の価値や特徴について言葉以外の方法で教えてくれます。だから、言葉にならないような動きを真似して、もっと身体表現が上手になりましょう！

　もちろん、自分の気持ちや感情を言葉で表現することは、とても大切です。それに加えて、言葉にならない表現に気づき、言葉以外の方法で表現できるようになることも大切なことです。

　新聞紙を用いた身体表現授業の歴史は長く、難しさや恥ずかしさを感じない教材として、指導法に関する実践研究が数多くなされてきました。その先達が積み重ねてきた英知のお陰で学生は子どものように無邪気に夢中になって新聞紙の動きを模倣し、様々な身体の動かし方を学びます。写真を見てもわかるようにシン先生の授業は間違いなく盛り上がります。学生にとって最も印象深い授業になっているようです。

ザックス＝ホルンボステル分類を用いた楽器のグループ分け

　第5章1節の課題2（149頁）の解答例について、下の表に示しておきます。この課題は、第4章4節で取り上げた楽器について、ザックス＝ホルンボステル分類によってグループ分けを行う、という内容でした。みなさんの解答をチェックしてください。

第5章1節・課題2の解答例

体鳴楽器
マリンバ、シロフォン、ビブラフォン、メタロフォン、グロッケンシュピール、カスタネット、カバサ、シンバル、マラカス、ベル、アゴゴベル、カウベル、ギロ、ゴング、サスペンデッド・シンバル、チャイム、トライアングル、当たり鉦、板ささら、チャッパ

気鳴楽器
フルート、ピッコロ、リコーダー、クラリネット、サクソフォン、オーボエ、ファゴット、トランペット、トロンボーン、ホルン、ユーフォニアム、チューバ、尺八、篠笛、笙（しょう）、能管、篳篥（ひちりき）、竜笛（りゅうてき）

膜鳴楽器
ティンパニ、タンバリン、スネア（小太鼓）、バスドラム（大太鼓）、コンガ、ジャンベ、ボンゴ、大鼓（おおつづみ）、桶胴（おけどう）太鼓、小鼓（こつづみ）、附締（つけじめ）太鼓、長胴（ながどう）太鼓、平胴太鼓

弦鳴楽器
バイオリン、ビオラ、チェロ、コントラバス、アコースティックギター、箏（こと）、三味線

電鳴楽器
エレキギター

第6章

保育現場に役立つ実践―実践活動

1節　音楽遊び

　本節においては音楽遊びの中でも音遊びと手遊びに焦点を絞って、遊び方、指導のポイントを中心に述べます。

音 遊 び

　『幼稚園教育要領』『保育所保育指針』『幼保連携型認定こども園教育・保育要領』の領域「表現」の内容の取り扱いに「（…）その際、風の音や雨の音、身近にある草や花の形や色など自然の中にある音、形、色などにも気付くようにすること」と示されているように、子どもの感性を育む上で音に焦点をあてた活動を保育の中に取り入れることは、有用です。

　カナダの音楽教育家でもあり、作曲家でもあるマリー・シェーファーも音楽以前の音に注目した教育の必要性を提唱しています。身近な音や環境音に焦点を絞り「リトルサウンドエデュケーション」「サウンドエデュケーション」の書においてはそれぞれ音を通した遊びの課題を紹介し、音をさまざまな方向性からとらえられる感性、力を養うことをねらいとしています。

　以下いくつかの音遊びの実践を紹介します。

● 音を聴く
　・保育室や園内外のいろいろな場所で1分間目を閉じて音を聴きます。
　・音を聴いた後、どのような音が聴こえたか発表し合います。

　目を閉じて音を聴くことで、聴覚に意識が集中します。1分間に慣れてきたら少しずつ時間を延ばして取り組んでみましょう。音を聴いた後、発表し合うことで、自身では気付かなかったさまざまな発見につながります。園外保育に行った際など少しの時間を作って

このような活動を行うことで、場による音の違いに気付くことにつながります。

● 紙を回す

・クラス全員で円を作り、1枚の紙を音をたてないように回していきます。

　音が豊富にある保育現場で子どもたちが主体となって音を出さない空間をつくることも、音遊びの重要な要素となります。紙はコピー用紙のA4やB4のものが適当ですが、大きさや素材を変化させたり、回す速度を速くしたり遅くしたりする等の工夫も必要です。

● 紙でいろいろな音を作る

・クラス全員で円を作り、1枚の紙を回しながらその紙でいろいろな音を作ります。

　身近なものを工夫することにより、さまざまな音を作ることができることに気づける活動です。友だちの音の作り方からさらなる発見につなげることもできます。4、5歳児で慣れてきたら、友だちとは違う音の作り方で最後まで回してみようと、ハードルをあげることもできます。

● 身体で音を作る

①クラス全員で円になり、隣の友だちに拍手を回して行きます。

②拍手・足踏み・拍手・足踏み……の順で隣の友だちに拍を回して行きます。

③身体の中で音が出るところを子どもたちと一緒に探して、探した部位を取り入れて隣の友だちに拍を回していきます。

④慣れてきたらタンブリンの合図で反対回しを行います。

　身体を用いてさまざまな音を作ることができることに気づける活動です。この活動を発展させることによってボディパーカッションの活動につなげることができます。最初はスローテンポで慣れてきたら速度をあげて行いましょう。

手遊び

● 定義

　手や指を用いて行う遊びと定義することができます。大きなくくりで考えると、手や指

も身体の一部という観点から手指のみならず、手や指を含めた身体を用いて行う遊びと定義することもできます。

● 指導方法

手遊びは口から口に伝えられる口承で指導が行われています。そのような背景から同じ手遊びでも若干の違いをもって伝わることが多いです。違いがあることは口承の特徴でもあります。原曲に沿って指導をするという核をもちながらも、多様性を受け入れながら対応していく必要があります。

手遊びの内容によっては視覚的要素を取り入れた指導法（パネルシアター、手袋シアター、エプロンシアター等）を用いてさらに子どもたちのイメージを促進していく指導法をとる場合もあります。

● 指導上の留意点

＊どうしてこの手遊びを行うのか、ねらいを常に心に留めながら行います。

＊年齢・発達・興味関心に合わせて手遊びを選択します。

＊手の動き、身体の動きをはっきりつけて指導を行います。

＊リズムや音程に気をつけて指導を行います。

＊表情豊かに行います。

＊左右のある手遊びの場合は、指導者は子どもたちから見て、鏡のようになるように動作を行います。

＊手指の動きがスムーズにできないからこの手遊びは取り入れないではなく、経験を積んでいく中での成長を見通して、子どもたちの状態に合わせて手遊びを取り入れたり、動作を一部変化させます。

＊たくさんの手遊びの本が市販されていますが、そのまま子どもたちに指導するのではなく、子どもたちの興味関心によって変化させたり、活動の流れの中で変化させる等、教材そのものをその場に合わせて変化させていく応用力も必要です。

● 保育現場における手遊び

保育現場において、教材としての手遊びの活用方法は、活動の切り替えに用いる（導入

等）、手遊び自体を1つの活動として用いる、と大きく2つに分けることができます。それぞれにおける指導上の留意点・活動例・活動例以外の手遊びを以下示します。

（1）活動の切り替えに用いる（導入等）

保育活動はぶつ切れではなく、常に流れをもって1日の生活を過ごしていくことが大切です。その円滑油の1つとなるのが手遊びです。

◇指導上の留意点

周囲の状況、前後の活動の関連を考えて手遊びを選択します。

◇活動例

ぼうがいっぽん　（対象年齢　1～5歳児）

作者不詳

ぼう　が　いっ　ぽん　ぼう　が　いっ　ぽん　ぼう　が　いっ　ぽん　トン　トン　トン

うえ　を　むい　て　した　を　むい　て　○　○は　ど　こ　だ　シュン！

◇遊び方

＊絵本の導入として用います。

♪ぼうがいっぽん
右手の人差し指を立てて
身体の右前方に出す

♪ぼうがいっぽん
左手の人差し指を立てて
身体の左前方に出す

♪ぼうがにほんで
両方の人差し指を
身体の前で合わせる

♪トントントン
人差し指を
打ち合わせる

♪うえをむいて
両手の人差し指を
上に向ける

♪したをむいて
両手の人差し指を
下に向ける

♪○○はどこだ
身体の横に両手の人差し指を
持ってくる

♪シュン！
両手の人差し指を
○○の方向にさっと向ける

＊子どもたちの状態を見ながら○○を変化させて何回か手遊びを行い、最後の部分を
「絵本はどこだ　シュン！」に変化させて絵本の活動につなげます。

◇活動例以外の手遊び

トントントンおはなし　（対象年齢　1〜5歳児）

瀬戸口清文

トントントン　あたま　を　ツンツンツンツン　　トントントン　おめめ　を　クリッ クリッ クリッ クリッ

トントントン　ほっぺ　を　キュッ キュッ キュッ キュッ　　トントントン　お　は　な　し

◇遊び方

8分の6拍子のリズムにのって、ゆったりした気持ちでお話や絵本等の導入につなげて
いってください。

♪トントントン
胸の前で両拳を上下に
3回打つ

♪あたまを
あたまを両人差し指で
指す

♪ツンツンツンツン
人差し指で頭を
ツンツン指す

♪トントントン
胸の前で両拳を上下に
3回打つ

♪おめめを
めがねのような
形を作る

♪クリックリックリッ
めがねの形を作ったまま
上下に動かす

♪ほっぺを
両手のひらで包む

♪キュッキュッキュッキュッ
両手のひらで優しく押す

♪トントントン
胸の前で両拳を上下に
3回打つ

♪おはなし
口の前でシーッの形を
とる

（2）手遊び自体を１つの活動として用いる

手遊びは子どもたちが平易に取り組むことができ、その活動を通してさまざまな学びに
つながる教材です。手遊びの活動を発展させて、それらを造形遊びや身体遊び等他の活動
に展開していくこともできます。

◇指導上の留意点

手遊びをさまざまに変化させて活動を展開させていきます。

手遊びにおける４つの変化

　・速度の変化：手遊びに慣れてきたら速度を変化させます。

　・声の変化：声の強弱。抑揚などをつけて変化させます。

　・内容の変化：登場する動物を変化させる。サイレント遊び等があります。

　・子どもたちの声を取り入れます。

◇活動例

あんぱんしょくぱん　（対象年齢　４〜５歳児）

不明　フランス民謡

◇遊び方

   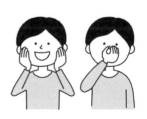 

♪あんぱん
両手をグーにして
頬につける

♪しょくパン
親指と人差し指を
直角に立てて
顔の横に置く

♪クリームパン×２
かいぐりをして、
パンで拍手１回

♪サンドイッチ　ドーナツ×２
両手で顔をはさむ。
片手で鼻をつまむ

♪クロワッサン
両手でねじる
動作をする

◇30分の活動例

・導入

「みんなはどんなパンが好きかな」と子どもたちに問いかけます。

・展開

　あんぱんはどのような動作か1つひとつのパンの動作を子どもたちと一緒に確認しながら進めます。子どもたちから新たな動作が出てきた場合はその動作を取り入れて行います。各パンの動作を取り入れながらゆっくりと手遊びを行い、慣れてきたら速度を速くして行います。歌い終わったところで、「○○パンを食べてしまおう」と言って食べるまねをして、「○○パンは食べてしまったから声を出さないで手だけ動かしましょう」と言葉かけをします。食べたパンの種類を増やしながらサイレント遊びを行います。「今度はみんなが食べたいパンを歌詞に入れて手遊びを行いましょう」と伝え、子どもたちと一緒に歌詞を変化させながら行います。

・まとめ

「今度また、いろいろなパンを取り入れて遊ぼうね」と伝え、遊びへの期待感を高めます。

◇活動例以外の手遊び

のねずみ　（対象年齢　2～5歳児）

作詞　不詳　外国曲

い　っ　ぴ　き　の　　の　ね　ず　み　が　　あ　な　ぐ　ら　に

あ　つ　ま　っ　て　チュ　チュッ　チュチュチュチュ　チュッ　チュチュッ　と　お　おさ　わ　ぎ

◇遊び方

　2匹、3匹、4匹、5匹と数を増やし、2匹のときはチュチュッチュチュチュチュチュッチュチュッを2回、3匹のときは3回……と増やしていく。のねずみを他の動物に変化させて遊ぶこともできます。

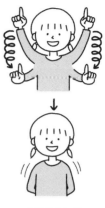

♪いっぴきののねずみが
片方の手の人差し指を
振りながら背中の
下のほうから前に出す

♪あなぐらにあつまって
反対の手も同じように
人差し指を振りながら出す

♪チュッチュチュチュチュ
チュッチュチュッ
両手の人差し指を
8回上と下に交互に合わせる

♪おおさわぎ
両方の手をあげ、
下にくるくるさせながら
降ろす。手を後ろに隠す

ハローハロー　（対象年齢　3～5歳児）

アメリカ曲

ハロー　ハロー　ハロー　ハロー　や　あ　こ　ん　に　ち　は
ご　き　げ　ん　い　かが　ハロー　ハロー　ハロー　ハロー

◇遊び方

アイスブレーキングの場面、和やかな雰囲気作りに最適な手遊びです。

♪ハローハローハローハロー
着席して歌う。歌い終わったら
立ち上がる。指導者が
「2人」「5人」等の人数を言う

♪やあこんにちは　ごきげんいかが
歌いながら言われた人数の人と
握手をして回る。人数によって指導者は
繰り返してこのフレーズを弾く

♪ハローハローハローハロー
この部分が始まるときに
着席しておくようにあらかじめ
ルールを伝え、着席して歌う

あたまであくしゅ （対象年齢2～5歳児）

作詞　福尾野歩　作曲　中川ひろたか

は　じめまして　　ごきげんいかが　　あたまであくしゅを　ギュッ　ギュッ　ギュッ

ちょっ　とそこまで　　あるきませんか　　ごきげんよろしゅう　バイ　バイ　バイ

◇遊び方

　頭だけでなくいろいろな部位であいさつして展開させます。日本、世界の挨拶にはどのようなものがあるのか視野を広げるきっかけにもなります。

♪はじめまして
向かい合ってお辞儀する

♪ごきげんいかが
お互いに肩をたたく

♪あたまであくしゅを
ギュッギュッギュッ

♪ちょっとそこまで
あるきませんか
頭をつけたまま歩く

♪ごきげんよろしゅう
身体を離してお辞儀

♪バイバイバイ
バイバイをして次の相手を探す

2節　園庭・自然環境の中で

　昨今、私たちの生活には音があふれています。音といっても街や店の中でスピーカーから流れる音や空調の室外機から出る音、車や電車の音など人工的な音もあれば、風の音や鳥の鳴き声、川のせせらぎ等自然の音もあります。この節では、自然環境の中での音との出会いや気付きだったり、感じたことを表現したりしている場面を事例で紹介します。

事例①　「手がジジジーン！」って言ってる　（4歳児　2月）

　2月のある日、近年には珍しく10㎝ほどの積雪があり、いつもの見慣れた園庭が真っ白な銀世界になりました。登園してくるなり「わー！　お山が真っ白になってる！」「砂場がなくなっちゃった！」等、いつもと違う様子を興奮気味に話しながら園庭に飛び出していきました。保護者にご協力いただいて防寒着の用意をしてもらっていたので、雪用グローブをつけて雪玉を作って投げ合ったり雪だるまを作ったり各々が雪を使って楽しんでいました。しばらくして、マコちゃんたちは雪だるまが大きくなってきたので手袋を外して雪だるまに付けるパーツを作り始めました。しばらくすると……

マコちゃん　「先生！　手が冷たくて痛くなってきちゃった！」
保育者　「手袋とってたの？　それは冷たかったねー！」
ミユちゃん　「手袋してると洋服の葉っぱがうまくつかないんだもん」
保育者　「そっか。手袋かたいもんね」

マコちゃん　「今ね、マコの手がジジジジーーンってしてるんだよ。冷たくて指がジジジ
　　　　　　　ジーンって言ってる！」
ミユちゃん　「ミユもなってるよ！　はぁ〜つめたい！」

　と、2人で手を擦ったり息をかけたりして温めていると、ミユちゃんが1月に行った餅
つきのときに行った米とぎを思い出し、話し始めました。

ミユちゃん　「餅つきのときにお米洗ったじゃん？　お水で洗ったから手が冷たかったよ
　　　　　　　ね。洗った後にお湯で温めたら手がすごいさぁ……」
マコちゃん　「そう！　"ガンガン"ってなって指の先っぽが飛び跳ねてるみたいなんだ
　　　　　　　よ」
ミユちゃん　「ねー！」

　と、2人とも自分が感じた感覚のことを音にたとえて表現していました。
　雪遊びでかじかんだ手の様子を「ジンジン」ではなく「ジジジジーン」と今自分が感じ
ている感覚を言葉で伝え、そのうち過去に経験した米とぎ後にぬるま湯に手を入れた時の
血液が脈を打つ感覚を「ガンガン」という表現で伝えていました。このような音表現につ
ながる原型といえる"五感で感じている瞬間"が上記の事例以外にも保育の場面では多く
あります。
　次の写真を見て、みなさんはどのような感覚を経験していると感じますか。また、どん
な音を発見できそうですか。
　上記の事例のように、一見音楽とはつながりにくそうな遊びでも、よく子どもを観察し
ていくと音の感覚を研ぎ澄ますような体験をしていたり、表現していたりします。保育者
はただの遊びと受け流すのではなく、何を感じているかや、その遊びから得るものを想像
しながら観察し、時には声かけをして子どもが経験として獲得できるよう寄り添っていく
ことが重要と考えます。

〈ポヨンポヨン〉ビニールシートの上から水をかけて溜まっていく水の様子をみたり下から触ったりして楽しんでいます。触っているうちに自然と出てきた言葉は「ポヨンポヨン」。

〈洗濯屋さんです〉砂場遊びのおもちゃを「お洗濯〜♪ジャブジャブ！」「ゴシゴシ！」と言って洗っています。おもちゃが水の中でぶつかる音を「ガラガラ」と言うなど、さまざまな音を言葉で表しています。

〈水が流れまーす〉雨どいの上からジョーロで水を流し、「ジャー」「洪水です！」と言ったり水が弱まってくると「チョロチョロチョロ……」と言ったりしながら、自然と音を強弱を表現して遊んでいました。

事例②　目を閉じて聴いてごらん　（5歳　5月）

　近隣のゴルフ場で開放日があり年長組で遊びに行きました。普段は入れないゴルフ場とあって最初はゴルフコースを全力で駆けたりでんぐり返しをしたりしていましたが、リュウ君が寝転んで「空が大きくて気持ちいい！」としばらく空を眺めているといろいろな音があることに気が付きました。

リュウ君　「空が気持ちいいね。あ！　聴いてごらん鳥の声がする」
友だち　「ほんと？　本当だ！　鳥が鳴いてる」

リュウ君　「目を閉じた方がよく聴こえるよ」
友だち　「何でだろうね。あー！　風もきたきたきた！」
リュウ君　「あー気持ちいい！」

　でんぐり返しで寝転んだことから空の気持ちよさに気が付き、ゆっくり眺めていたら心地よい鳥の声が聞こえてきました。目を開けている時よりも目を閉じたほうが音に集中できることがわかり、友だちと一緒に鳥の声以外に聴こえる音を探していました。

　子どもはいつも活発に動いている印象がありますが、美しい音を聴く、興味のある音に集中する時など耳を澄まして聴く体験をし"聴く力"が付くと内面の感覚がさらに磨かれていきます。

〈水の音がするね〉「何か音がするぞ」と音の正体を探していたら、水槽の水を入れ替えるために出ていた水が排水溝を流れる音でした。「ドドド」という強い音をジーっと耳を澄まして聴いていました。

〈落ち葉プールだ！〉クヌギの木の下は落ち葉でいっぱい。葉っぱを上に舞い上げて落ちてくる音や踏みつけた時の音。落ち葉の量や種類によって音が違うことに気づいて、いろいろな実験につながりました。

〈シャワーの音がする〉暑い日の水浴びシャワー。雨が降っているみたいなシャワーだったので傘をさしてみたら……傘にあたる水の音がくすぐったい！「もっとやって！」と傘に当たっている音と当たっていない音を比べていました。

短いエピソードではありますが、いくつか紹介をしたいと思います。

事例③フィールドビンゴの活用　（5歳　5月）

事例②で記したように、子どもたちの"聴く力"育むために、意図的に遊びに取り入れ、意識を高めるきっかけ作りをすることもあります。

日頃、生活している園の中にどんな自然があるかを知ってもらいたいと、5歳児が園内にお泊まり会をする時のレクリエーションとしてネイチャーゲーム（コラム8）を行った事例を紹介します。

・フィールドビンゴ

9マスの中に1つずつミッションが書かれており、グループの友だちと協力しながら時間内により多くのミッションをクリアしていきます。

出題の内容についてはどんなことに気が付いてほしいか、感じてほしいかを教員間で話し合って作成しました。

たとえば、

①鳥の声がする場所を見つけよう

②面白い形をしている葉っぱを見つけよう

③いい匂いのする草や花をみつけよう

④アリの家を見つけよう

⑤畑の野菜の名前を3つ書いてみよう

など、自園の園庭の特性を生かしたもので、子どもが達成感をもちやすいものにしました。

園内お泊まり会のレクリエーションとして単発で終わるのではなく、その後も継続して観察ができ、目に留まりやすくなるように工夫したため、お泊まり会が終わり通常の保育に戻った後も

「先生、鳥の声がするところ、もう1つ見つけたよ」

「ハートの形の葉っぱがあった」

鳴く虫を見つけ、クラスで飼育することになりました。
フィールドビンゴのお陰でクラスは虫かごでいっぱい。

野菜の匂いを嗅いでみたり、葉っぱをむしる音を聴いたり、畑にも興味をもつようになりました。

「大きいアリと小さいアリの家発見！」
等と興味が持続し、年長児が面白がって行うことで異年齢の子どもにも波及していきました。

　前述にも記した通り、現代の人工的な音がごった返している社会の中で、自然の音に出会ったり気が付いていくようになるには、遊びの中で多くの本物を見たり触れたりし、時には他者に教えてもらいながら感動したり心が動くような感覚を身に付けていくことが大切です。

　保育者は、子どもの音の世界がどのように広がっているかを理解し、子どもが音の世界に出会ったときは一緒に喜んだり共感したりして、子どもが新しい発見に意欲をもてるような環境を作りましょう。そして、そのような環境で音や音楽を楽しんだ子どもは、本格的な音楽や歌唱等へも意欲的に取り組めるようになります。

3節　保育現場に役立つ簡易伴奏

　簡易伴奏とは、コードによるピアノ伴奏法のことです。コード弾きの技術は保育の現場で大いに役立ちます。リストやラフマニノフを弾けるに越したことはないですし、弾いて聞かせれば子どもたちは喜ぶしすばらしい情操教育となるでしょう。ただし現場で必要な技術としての優先順位はコード弾き→リスト・ラフマニノフの演奏。子どもたちの歌う歌

にそっと伴奏を付けてあげられる、この技術は必要であり重要です。「ラ・カンパネラ」を感動的に弾く人に「『思い出のアルバム』の伴奏をしてください」とお願いすると「楽譜がないと弾けません」と答えが返ってきたことがありましたが、教育の現場に携わる人には、より実践的な技術も身につけたいところです。知っている曲に即興的に簡単な伴奏が付けられる、もしくはコードネームの振られたメロディー譜を見て簡単な伴奏を付けられると良いですね。そして本節では後者を中心にお話しを進めていきますので、コードネーム付きのメロディー譜による伴奏付けの手立てを学び、子どもたちにより楽しく歌を歌わせてあげてください。また次の4曲（それぞれ異なる拍子の2／4、3／4、4／4、6／8）を主に用い、伴奏法について説明していきます。

大きなくりの木の下で（3／4拍子の楽曲）

作詞作曲者　未詳

おお　きなくりの　　きのしたで　　　あ　なーた　と　わ　た　し

な　か　よ　く　　あそびましょう　　おお　きなくりの　　きのしたで

思い出のアルバム（6／8拍子の楽曲）

作詞　増子とし　作曲　本多鉄麿

い　つの　こと　だか　　おもい　だして　ご　らん

あんな　こと　　こんなこと　　あっ　た　で　しょう　　ー

う　れしかっ　た　こ　と　　おもしろかっ　た　こ　と

い　つ　に　なっ　て　も　　わーすれ　な　い　　ー

上に挙げた4つの楽曲で使用するコードは次の3種です。

・C：ドミソ。ドとミとソの3つの音がこのコード（和音）の構成音です。

・F：ファラド。ファとラとドの3つの音がこのコード（和音）の構成音です。

・G：ソシレ。ソとシとレの3つの音がこのコード（和音）の構成音です。

やさしい伴奏法（1）

右手はメロディー左手は伴奏

（1）コードネームの通り弾く

右手はメロディーを弾き左手はコードネーム通りの音を弾きます。つまり左手はCならばドの音、Fならばファの音を弾きます。

　ただし4つの譜例中にはG／BやF／Cがありますが、／Bや／Cはベースの音を表しています。つまりこれは和音の転回形を表していますので、G／Bはソシレ（基本形）ではなくシレソ（第一転回形）と奏します。同じくF／Cもファラド（基本形）ではなくドファラ（第二転回形）と奏します。

　したがって4曲の伴奏譜は次のようになります。

ぶん ぶん ぶん

こいのぼり

大きな栗の木の下で

ぶん ぶん ぶん

上記譜例は冒頭部分のみです。続きは前掲のコード付きメロディー譜をもとにチャレンジしてみてください。

　この伴奏音形の弾き方のコツは、**右手のメロディーはもちろんですが、左手も1音1音しっかりと打鍵し、よく響かせること**です。この左手の低音の響きが、右手のメロディーを支えます。

（2）3拍子はド・ミ・ソ。2、4拍子ならド・ソ・ミ・ソ（アルベルティ・バス）

ぶん ぶん ぶん

ぶん ぶん ぶん

あるいは、

こいのぼり

この伴奏音形の弾き方のコツは、**右手のメロディーより左手の伴奏が強くなりすぎない
ように注意して弾くこと**です。音の数が多くなるし動きも活発になるので、ついつい大き
く弾きがちです。メロディーを超えない程度の音量で弾くと良いでしょう。

（3）和音連打型①

大きな栗の木の下で

思い出のアルバム

　この伴奏音形の弾き方のコツは、**右手のメロディーはレガートに、左手の伴奏はスタッカート気味に軽やかに奏す**と良いでしょう。もちろんアルベルティ・バス同様、左手が強くなりすぎないように弾きます。

（4）和音連打型②

ぶん ぶん ぶん

こいのぼり

大きな栗の木の下で

思い出のアルバム

　この伴奏音形の弾き方のコツは、この伴奏音形も和音連打型①同様に、**右手のメロ
ディーは音と音の間を空けずに弾くレガート奏法で**、それに対して**左手は音と音の間を空
けるスタッカート奏法で弾く**ことです。そうすると、右と左のコントラストが出てすっき
りときれいな響きが得られます。

や さ し い 伴 奏 法（２）

● 右手も左手も伴奏

　２／４拍子

　この伴奏音形の弾き方のコツは、**４分音符はスタッカート気味に、８分音符はレガート
気味に奏す**とよいでしょう（ただし最終小節の８分音符は例外。これは短めに）。最後の小節
にフェルマータがあります。イタリア語のフェルマータには〝停留所〟の意味があります。
急ブレーキをかけることなく、８分休符をほんの少し長めに取り poco rit. のニュアンス
を出すと良いでしょう。

ぶんぶんぶん

作詞　村野史郎
原曲　ボヘミア民謡　文部省唱歌

3／4拍子

　仮にこの曲に打楽器伴奏を加えるとしたら、左手音形には大太鼓、右手音形には小太鼓を重ねると効果的です。その際大太鼓は芯のあるどっしりとした響きを、小太鼓は音量を少し抑えつつもクリアな響きを求めます。ピアノも同じです。**大太鼓のイメージで左手を、小太鼓のイメージで右手を奏す**と良いでしょう。

こいのぼり

作詞作曲　日本教育音楽協会

やね より たかい こいの ぼーり

おおきい まごいは おとう さーん

ちいさい ひごいは こども たーち

おもしろ そうに およいで る

4／4拍子

　3～6小節目にかけて使われている伴奏の形も、伴奏書法として大変ポピュラーなものです。バラード調のポップスや合唱作品でもしばしば用いられます。ちなみに日本初の合唱作品と言われる滝廉太郎の「花」もこの伴奏形を使っています。

大きなくりの木の下で

作詞作曲者　未詳

6／8拍子

　この伴奏音形の弾き方のコツとして、合唱の人数にもよりますが、ピアノ伴奏をするときの注意点の1つとして**ボリュームの調整**があります。たとえば楽譜3段目、9～10小節目に注目してください。歌は低めの音域でボリュームが出しづらい。そしてその部分のピアノパートはといえば、和音連打型でしかも音数も多く音量は大きくなりがちです。弾き手はまず歌をよく聞き、ボリュームをとバランスを調整してあげてください。仮に mf（メゾフォルテ）や pp（ピアニッシモ）などの記号が振られていたとしても、その音量は絶対的なものではありません。歌とピアノのバランスを考えて伴奏をすることが大切です。

思い出のアルバム

作詞　増子とし　作曲　本多鉄磨

応用編

「思い出のアルバム」のコードを変えて伴奏を作ってみました。

思い出のアルバム

作詞　増子とし　作曲　本多鉄磨

みなさんもぜひ、オリジナルコードにチャレンジしてみてください。この「思い出のアルバム」のみならず「ぶんぶんぶん」「こいのぼり」「大きな栗の木の下で」にも、さまざまなコード付けを試してみてください。曲の表情も、歌う園児の表情も表現も、どんどん変わってくることでしょう。

＊本節に載せた譜例のピアノパートはすべて田嶋勉の作曲によるものです。

4節　指導計画と音楽指導案

指導計画とは

指導計画は、『幼稚園教育要領』や『保育所保育指針』、あるいは『幼保連携型認定こども園教育・保育要領』を基本として、「幼児期の終わりまでに育ってほしい姿」を踏まえ、各園では教育目標や保育目標を作成します。これらの目標を、具体的に見通しをもって、幼児を指導するために必要とされる事項を実現するために作成されたものが**指導計画**です。

指導計画には、**年間計画**、**期間計画**、**月間計画**などの行事を含む比較的長期の計画と、**週案**、**日案**など実践を中心とした短期の計画があります。長期の計画では、子どもの発達の節目や生活の節目をとらえ、次期を区分し、その時期にふさわしい生活構想より、望ましい経験や活動を位置づけていきます。さらに短期の指導計画では，長期の指導計画をもとにして、子どもの興味や関心、発達の実態を踏まえ、子どもの育ちにふさわしいねらいを定めます。そして、予想される子どもの行動より内容を決め、環境構成および保育者が**ねらい**を達成するための援助や配慮を考え指導計画を作成、活動の実践をしていきます。活動終了後には、ねらいと実際の子どもの姿との差異を検討し、ねらいの適正について検討することが必要です。さらに、その結果を踏まえ、次の活動への計画を考えることが、より充実した指導計画の基礎となります。

以上の手順を経て指導案では、園の教育方針や『幼稚園教育要領』、『保育所保育指針』、『幼保連携型認定こども園教育・保育要領』に合った活動と、それに沿った保育者の意図的な指導や援助、さらに、活動の中で起こりうるであろうことを予想して計画、作成していきます。

指導案について

● 指導案の意義

　保育とは、子どもが幼児期にふさわしい生活が展開できるように、発達の特性を踏まえ環境をつくり出し、その環境に関わって子どもが主体性を十分に発揮できるように発達を促すための**「保育者の意図的な営み」**を指します。

　保育者の意図的な営みとは責任をもって**「指導案」**を作成することです。指導案作成については、事前の準備も踏まえ当日の保育で子どもに経験させたいねらいをもとに以下の留意すべき事項が挙げられます。

留意事項

①園の教育方針や年間保育計画の見通しを踏まえた、その時期の保育のあり方を捉え、子どもにとって必要な時期に必要な経験を積み重ねることができるか考える。

②子どもの発達や実態に合わせた、子どもが無理なく参加できる活動や援助を考える。

③保育の中で起こりうるであろうことを予想し、見通しを持った保育の流れを考える。

④保育の場面において個と集団、静と動等の、子どもの動きを考える。

● 音楽指導案について

　指導案の概要　指導案の最初には次のようなことを記します。

　主な活動　主な活動の内容は、本指導案の表現活動の主たる活動を、**簡潔な文章**で記入します。

　例：「手作り楽器」を用いた音楽活動／ピアノの音に合わせて「手作り楽器」の音を自由に鳴らし、音楽を楽しむ／「山の音楽家」の歌に新しい動物の仲間を加え「手作り楽器」を加えたリズム合奏をする

　ねらい　『幼稚園教育要領』や『保育所保育指針』、あるいは『幼保連携型認定こども園教育・保育要領』では「具体的なねらい及び内容は，園（所）生活における子どもの発達の過程を見通し、子どもの生活の連続性、季節の変化などを考慮して、子どもの興味、関心、発達の実情などに応じて設定すること」と示されています。このことより、**「ねらい」**とは、子どもの思い（**心情**）、やってみたい、やりたいという気持ち（**意欲**）を大切にして、

そこから身に付いていくもの（**態度**）を育てていくための方向性を見通したもので、保育の目的・目標を子どもの立場より書くものです。そして、そのねらいを達成するための、子どもたちにとって必要な経験を具体的に考えたものが「**内容**」であり、子どもが体験する具体的な活動を子どもの立場から書きます。

　主体（語）は子どもの立場より「子ども」です。単語や体言止めでなく文章で書きます。文末表現は「〜をさせる」「〜を指導する」ではなく「〜に興味をもつ」「〜を体験する」「〜の理解を深める」という表記で記入します。

　例：音楽が鳴っている時となっていない時を聞き分ける／音楽から想像できるイメージを、身体を使って表現する／みんなでいっしょに動物の鳴き声をまねる／友だちと一緒に音楽活動を楽しむ／リズムに合わせて「手作り楽器」の音を楽しむ／簡単なルールを守る

　子どもの実態　自分のわかる範囲や体験、事前の実習園担当者との打ち合わせにおいて、感じ取った子どもたちの日常生活の様子、また、何に興味があり関心があるのか等を記入します。

　例：友だちと楽しく会話をしながら自分の興味を追求して遊ぶ姿が見られる／言葉遊びに関心をもち、みんなで替え歌を楽しんで歌う姿が見られる／簡単な即時反応を楽しんでいる／友だちと仲良く遊ぶことはできるが、時には自己主張をしてけんかになる場面が見られる

音楽指導案の段階と内容

　指導案は大きく分けると３つの段階で構成されます。

　導入部　子どもの実態や興味、関心に合わせた活動への取り組みのきっかけや、子どもの意欲となる保育者の働きかけを行います。

　例：題材に関わる保育者の話や視聴覚教材による、絵カード、絵本、紙芝居・ＣＤ等を使って子どもの感性に働きかけ、活動へのイメージを広げ「やってみたい」と思う前向きな意欲をもたせます。

　展開部　内容に個人、集団と隊形に変化をもたせながら、いくつかの表現活動を組み合わせて音楽活動を展開していきます。保育者がその過程を大切にするとともに、子どもの音楽表現に共感することは、子どもの意欲を高めるとともに、子ども同士の表現を互いに

認め合う相互理解・社会性の発達に結びつきます。さらに、保育者の音楽表現は、子どものモデルとなるうることを自覚して子どもの音楽活動に臨みましょう。

まとめ 子どもたちへ、活動の感想を問いかけ、音楽の楽しさを共有します。

友だちの発言に耳を傾け聴こうとする姿勢は、「音」を大切にする《音楽の心》の準備です。大切に育んで行きましょう。保育者の小さな気付きが、子どもの感性を豊かにします。そして次回活動への期待や意欲づけ使用教材等の後片づけをして本時の活動を終了します。

音楽指導案の具体

音楽指導案の具体例を記載しました（表6-4-1）。ここでは主活動として「まっかな秋」の斉唱について記入してありますが、先に記したように主活動を行う前に絵本や手遊び等を用いた「導入」を行うことで、子どもの歌唱への興味や意欲を高める取り組みが行われます。また、実際の指導案を作成する際には、環境構成の欄に、教室内の設備や備品の配置、保育者と子どもの位置等を記した見取り図についての記入も必要になります。

課題

表6-4-1の流れに従って、保育者の立場になり環境構成・予想される子どもの活動・保育者の援助・留意点を想像力をもって書き込み、指導案作成の練習をしてみましょう。

表6-4-1　音楽指導案例

○年 9月○日	**対象児**：　5歳児　　ほし　組 男児　　10名・女児　　10名 計　　　20名
子どもの実態 長い歌詞の歌を歌うことができる。	**主な活動** ・スケッチブックシアター「まっかな秋」 ・ピアノ伴奏に合わせた「まっかな秋」の斉唱
活動のねらい 歌詞の情景を思い浮かべながら歌うことができる。	**内容** ・「まっかな秋」の歌詞や情景について、スケッチブックを用いた説明を聞く。 ・歌詞を理解したうえで実際に歌う。

時間	環境構成	予想される子どもの活動	保育者の援助・留意点
10:00 導入部	用意するもの ・「まっかな秋」の歌詞カード ・歌詞の内容に関連したスケッチブックシアター ※教室の状況に応じた見取り図を記載する。	・保育者の説明を静かに聞く。 ・集中力が続かない子がいる。 ・歌詞カードに書いてある歌詞を保育者と一緒に音読する。 ・保育者の問いかけに対して考えるが、答えが浮かばず何も答えない。	・「まっかな秋」を歌うことを伝え、あらかじめ用意しておいた歌詞カードをホワイトボードに貼る。 ・歌詞を音読する。 ・歌に出てくる「まっかなあきにかこまれている」君と僕はどのような気持ちなのか、子どもに問いかける。
展開部		・保育者のヒントで「まっかな秋」をイメージし、「きれい」「悲しい」などさまざまな感情を保育者に伝える。 ・保育者の声がけにより、具体的な情景を思い浮かべて歌うことを意識する。	・スケッチブックシアターを用いて、紅葉や夕日が沈んでいく情景を示し、「まっかな秋」を連想するヒントを出す。 ・子どもたちからでてきた感情に対し、全体で1つのイメージを共有しやすいように声がけをする。 例）友だちとたくさん遊んだ後、さよならをする時の寂しい気持ちを想像しながら歌ってみよう。 ・子どもたちが情景を想像しながら歌いやすいように、テンポに留意しながら伴奏を演奏する。
まとめ 10：30		・斉唱を終える。	「まっかな秋」を歌った気持ちをたずねる。

《生活の歌》・《子どもの歌》・《手遊び歌》

● 《生活の歌》・《子どもの歌》

　保育の現場では、生活の歌・子どもの歌は、子どもたちの日常生活において、生活上のけじめや気持ちの切り替えの曲として歌われています。また、日常生活の歌として、子どもが親しみをもって歌える曲が多く、時代を重ねながら保育の現場では習慣的に歌い継がれています。

　国際学院埼玉短期大学幼児保育学科の学生が実際に実習に行く幼稚園、保育所、幼保連携型認定こども園への調査を行い、それぞれの月ごとおよび通年で歌われる機会の多い傾向にある上位3曲のリストを記載しておきます（表6-4-2）。

● 《手遊び歌》の意義と活用

手遊び歌とは

　手遊び歌は、保育の現場に欠かせない歌唱教材です。子どもの年齢や地域、その時の流

表6-4-2　保育の現場で歌われる機会の多い曲

	幼稚園	保育所	認定こども園
4月	チューリップ せんせいとおともだち こいのぼり	チューリップ せんせいとおともだち ちょうちょ	せんせいとおともだち チューリップ ことりのうた
5月	こいのぼり おかあさん ことりのうた	こいのぼり ことりのうた バスごっこ	こいのぼり おかあさん ことりのうた
6月	かたつむり とけいのうた あめふりくまのこ	かたつむり とけいのうた かえるのうた	あめふりくまのこ かたつむり あまだれぽったん
7月	たなばたさま うみ おばけなんてないさ	たなばたさま きらきら星 うみ	たなばたさま うみ しゃぼん玉
8月	うみ おばけなんてないさ 南の島のハメハメハ大王	うみ おばけなんてないさ 南の島のハメハメハ大王	うみ おばけなんてないさ アイアイ

9月	とんぼのめがね うんどうかいのうた 虫のこえ	とんぼのめがね どんぐりころころ 虫のこえ	とんぼのめがね 山の音楽家 どんぐりころころ
10月	どんぐりころころ やきいもグーチーパー まつぼっくり	どんぐりころころ まつぼっくり やきいもグーチーパー	どんぐりころころ まつぼっくり やきいもグーチーパー
11月	やきいもグーチーパー こぎつね まっかな秋	やきいもグーチーパー 山の音楽家 まつぼっくり	きのこ やきいもグーチーパー 山の音楽家
12月	あわてんぼうのサンタクロース 赤鼻のトナカイ お正月	あわてんぼうのサンタクロース ジングルベル お正月	あわてんぼうのサンタクロース 赤鼻のトナカイ ジングルベル
1月	ゆきのペンキやさん ゆき お正月	ゆき こんこんくしゃん ゆきのペンキやさん	ゆき やぎさんゆうびん お正月
2月	豆まき ゆき うれしいひなまつり	豆まき 鬼のパンツ ゆきのペンキやさん	豆まき こんこんくしゃん ゆきのペンキやさん
3月	思い出のアルバム うれしいひなまつり 一年生になったら	うれしいひなまつり 思い出のアルバム はるがきた	うれしいひなまつり 思い出のアルバム はるがきた
通年	おかえりのうた おはようのうた さんぽ	おかえりのうた おはようのうた さんぽ	おかえりのうた おはようのうた おべんとう

行りを取り入れるなど、保育者の工夫によって楽しさや遊びとしての広がりが変わります。これは、ただの遊びではなく子どもたちとの触れ合いに欠かせないものでもあるのです。そして、日常の生活や時間、場面の区切など、短時間で気持ちを切り替えたり集中するための活動としても有効です。

　手遊び歌の内容にはさまざまなものがあります。たとえば、歌詞の内容で数や物の名前を知り、語彙を増やし、表現する方法を自然に身につけることができます。そして、保育者と一緒に手遊び歌を楽しんだ子どもは、自らの記憶や想像力を使い、五感をフルに働かせてきっと自分や友だち同士でも遊び・楽しむことへと発展するでしょう。

　手遊び歌の活用には、1人で行うもの、2人で行うもの、集団で行うものなどさまざま

なものがあります。また、子ども同士・大人と子どもなど場所やシーンも選ばず、道具も使わずに遊ぶことのできるものもたくさんあります。小さな曲が大きな役割を果たしてくれる意味を理解し、保育現場での「広がりのある」手遊び歌の活用をイメージしましょう。

《手遊び歌》を行うときの注意点（実習の場面をイメージする）

実習先では、何を感じてほしいかねらいを考え、「今は何をするときなのか」という気づきを子どもたちが得られるように心がけることが大切です。それには、実習先の子どもたちが一緒に歌える曲をあらかじめ調べておくとよいでしょう。歌いはじめるときは「さぁ、始まるよ」など導入の工夫を考えます。子どもたちは、保育者の歌っている顔からも曲の内容を汲み取ろうとするので、声の大きさだけでなく、楽しく、あるいは悲しげに、またはおどけてみせる、など顔の表情の工夫とわかりやすい大きな動作を心がけましょう。《手遊び歌》は、全員から見えるように座る位置など注意をはらう必要があります。（環境設定を考える）替え歌のある曲は、数種類の歌詞があることが多いので、あらかじめ練習しておくとよいでしょう。最も大切なことは、常に子どもたちに目を配る、子どもたちが楽しく感じることを大切にする。楽しさの中に「学び」の要素があることを忘れずに行い、上手にできたときは「とても上手にできたね」とほめることで、また歌いたい、今度は自分でやってみたい、と意欲を伸ばすようにすることが大切です。

手遊びをする時に覚えておきたい 4 つのこと

みなさんが実習先で《手遊び歌》をするとき……、

・それはどんなときですか。
・子どもが一人でいるとき、それとも全員揃っているときですか。
・雨の日でしょうか、どこかにお出かけするときですか。
・昼食の前ですか、お帰りの時間ですか。

　……少しの時間想像してみてください。

みなさんが実際に手遊びをしたら、子どもたちはどんな反応を見せるのでしょう。実習先では、思いもよらないことがおきます。そのときに慌てず笑顔で手遊びができるように

大事なことをきちんと整理して勉強しておきましょう。

《手遊び歌》についての教材研究の視点

《手遊び歌》は古くから子どもの生活の中で、歌と動作が一体となった遊びとして息づいています。伝承的な遊びとして定義はされていますが、わらべうたのような歴史的背景を踏まえた詳細な分類等はされていません。むしろ、子どもの集中力を高めたり、保育の場面で必要な行動を始める前の事前準備としての役割が多いように思います。その目的に合わせて、子どもの知っている歌にリズミカルで生き生きとした動きを加味した、楽しさの中にも保育者の意図が生かされている《手遊び歌》を豊富に蓄えていきましょう。

（1）《手遊び歌》の種類

　　①昔からあるもの。

　　②季節や行事に関係するもの。

　　③唱え歌。

　　④替え歌になっているもの。

（2）《手遊び歌》のねらいと曲選び

　　①歌詞の内容や動作が難しくないか、子どもの年齢に合った曲を選ぶ。

　　②生活習慣の導入時なのか、次の動作への待ち時間なのか、使用する場面によって曲の長さやタイミングを考える。

　　③替え歌にはキャラクターや遊びの要素が強いものもあるので、地域や実習先の方針に気を配る。

（3）《手遊び歌》の効果

　　①触れ合いにより心の交流と安心感を与える。

　　②真似をしようとしたり、やってみたいという意欲をみせる。

　　③数や物の名前、作業など記憶していく。

　　④季節や行事などを理解する。

　　⑤表現することの楽しさに目覚める。

（4）《手遊び歌》留意事項

　　①歌詞が聞き取りやすいように、はっきり明るく歌う。

　　②動物の鳴き声や動作は、大げさにわかりやすく表現する。

③歌い出しのテンポは少しゆっくり、落ちついて。

④歌い出しの音程が高すぎないように。

年齢に応じた曲目リスト（発達段階と「場面とねらい」を意識して覚えたほうがよいもの）

以下のリストを参考にして、たくさん練習をしましょう。できたらチェックをして、自分のレパートリーを増やしましょう。ねらいや使い方を十分に確認して、子どもたちにとって「楽しく豊かな活動」になることを望みます。

0歳～1歳から使える曲

曲名	場面とねらい	替え歌・アレンジ	チェック
あがりめさがりめ	触れ合い		
糸まき	動きのある遊び		
1本橋こちょこちょ	触れ合い		
大きなたいこ	リズム、表現、楽器遊び		
おせんべやけたかな	1人～集団遊び、ゲーム	季節の替え歌（焼きいも、おもち）	

2歳～3歳から使える曲

曲名	場面とねらい	替え歌・アレンジ	チェック
アイ・アイ	音の強弱と動きをつけての表現		
1丁目のウルトラマン	数を指で表現、劇遊び	ごんべさんの赤ちゃん	
いっぽんといっぽんで	生き物を表現	10人のインディアン	
コブ タヌ キツ ネコ	言葉遊び、しりとり、掛け合い	ペープサート	
はじまるよったらはじまるよ	絵本の読み聞かせ等、次への導入		

4歳～5歳から使える曲

曲名	場面とねらい	替え歌・アレンジ	チェック
おおきくなったら	自分の夢、未来を考える、職業を知る	山ごやいっけん	
おべんとバス	食育、乗り物	ペープサート	

きつねのおはなし	絵本の導入 場所（こっち、あっち、等）	アニメ、キャラクター	
キャベツのなかから	絵本の導入、指の名前	軍手人形、ペープサート	
くいしんぼゴリラのうた	ユニークな動き、表現、食育		
茶ちゃつぼ	速さを変えて動きを楽しむ、ゲーム、地域の名産品	友だち同士で動きを速くしていく	
なっとう	大人の表現、食育	品名を替える	

保育の場面での定番の曲（まずは基本として覚えておいてほしいもの）

曲名	場面とねらい	替え歌・アレンジ	チェック
あたま かた ひざ ポン	体の名前、触れ合い	ロンドン橋	
大きな栗の木の下で	活動の切り替え 向かい合って同じ動作をする		
おてらのおしょうさん	じゃんけん遊び		
カレーライスのうた	食育、作業の記憶	ペープサート	
グーチョキパーでなにつくろう	想像力を育てる、みんなで工夫する、アイデアを出す	動物、食べ物、身近な品物	
げんこつやまのたぬきさん	じゃんけん遊び	1丁目のウルトラマン 1丁目のドラねこ	
ことりのうた	鳴き声、表現、触れ合い	動物の鳴き声を変える	
これくらいの おべんとばこに	遠足、食育、工夫	数字の語呂合わせ 工夫を考えてみる	
ごんべさんの赤ちゃん	ごっこ遊び		
手をたたきましょう	手や足の運動とリズム、喜怒哀楽の表現		
トントントントンひげじいさん	導入時、手をひざに持っていく	アニメ、キャラクター	
パンやさんにおかいもの	お店屋さんごっこ、品物の名前	ペープサート	

曲目	場面とねらい	替え歌・アレンジ	チェック
やおやのおみせ	お店屋さんごっこ、品物が正しいか考える力、ゲーム、掛け合い		

保育場面に応じた曲（保育内容・教材から考える）

曲目	場面とねらい	替え歌・アレンジ	チェック
おしょうがつのもちつき	日本の伝統の餅つきを表現、合いの手	地方により替え歌（正月、3月、5月）	
オニのパンツ	節分、鬼をユーモラスに表現		
かたつむり	雨の日、指を動かす		
茶つみ	手合わせ、遊び、同調性、友達と二人で組む		
はをみがきましょう	生活習慣、食後		
バスごっこ	遠足、バスごっこ、上下左右などの正しい表現		
ピクニック	指で箸やフォークを表現、食具の正しい使い方	10人のインディアン	
まつぼっくり	遠足、絵本の前、おとぎ話調の言葉使い		
やきいもグーチーパー	食育、じゃんけん、ゲーム		

※なお、この曲目リストは、武蔵野短期大学幼児教育学科の学生の実習実践にもとづき作成された曲目リストです。

保育現場で学ぶ（自分なりにレパートリーをどんどん増やしていきましょう）

自分で覚えたもの・実習先で学んだもの

曲目	場面とねらい	替え歌・アレンジ	チェック

COLUMN ┈┈┈┈┈┈┈ **8**

ネイチャーゲームを通じて

　新入園児が「ママ〜！」と大きな声で泣いたり「お家に帰る」と言って保育者の手を引いたりと、新しい環境に戸惑う姿が見られる4月。新入園児に「園は楽しい！」と感じてもらえるよう、1人ひとりの好きなことを探りながら環境を用意する新学期は“この先どんなことが起きるのだろう”とワクワクが止まりません。一方で、近年感じているのが「室内の遊びを好んで庭に出ようとしない」「屋外の砂場や土も汚れを気にして嫌がる」「虫を極端に怖がる」等、自然物を取り入れた遊びの経験の有無が、家庭によって随分差があると感じます。

　本園の園庭は、四季折々楽しめる植物や生き物が生息している恵まれた環境にあります。そのため、日頃から蝶やバッタなどの虫捕り・シロツメクサの王冠作り・どんぐり拾いなど自然と多くかかわりをもち、多くの時間を園庭で過ごしています。しかし、昔から自然物を取り入れ、砂や泥にまみれて遊ぶことを中心にした保育だったわけではありません。変化のきっかけは、数年前より第6章2節の事例に記した“ネイチャーゲーム”を教員研修で取り入れたことから始まります。

　最初は、教員研修でフィールドビンゴを行いました。カードに書かれたお題を各々が探していくと、日頃子どもたちと遊び慣れたはずの園庭で「こんな面白い形の葉っぱがあった」「耳を澄ますと鳥の声や風の音、さまざまな音が聴こえる」など新発見が続出。身近に存在している事象に気が付いていなかったことや、新しい発見をした時の嬉しさ、仲間に共感してもらえた時の喜びなどを保育者自身が体験しました。ネイチャーゲームは、自然に対する知識や情報を多くもつことが目的ではなく、自分なりに感じた感性が尊重され、仲間と分かち合えることを大切にしていることが

「いろんな形があった！」と、あちこちから
集めた自然物

わかり、保育で必要なのは「子ども自身が感じる力」を育てることだと保育者の意識が変わっていきました。

　この体験をしてから保育に積極的に自然を取り入れ、子どもたち自らが発見した「みてみて！」「こんなのあった！」という声に丁寧に答えるようになりました。すると、以前の保育に比べ、子どもたちが身近な環境に敏感に気づき、言葉や音に対する表現も豊かになったように思います。

ネイチャーゲームとは…

　ジョセフ・コーネルというアメリカのナチュラリストが考案したもので、ゲームを通して自然に興味をもったり自然のことを学んだりする活動。

　○ネイチャーゲームは個人が感じた感性を尊重する活動である。
　○ネイチャーゲームは自然の知識を覚える活動ではない。よって、知識や年齢に関係なく楽
　　しめる
　○ネイチャーゲームは身の回りにある身近な自然と向かい合える活動である。
　○ネイチャーゲームは大人と子どもが一緒に楽しめる活動である。
　○見る・聞く・さわる・においをかぐなどの感覚を使って自然を体験できる活動である。

　上記のように自然の知識習得を目指した活動ではなく、自分が感じたことをお互いに共有する、分かち合うことを大切にしている活動です。

季節の心と音楽的イメージ
──音づくりの場面から

　保育の現場では、「子どもの心」やさまざまな場面における「即応行動」に相応しい「音づくり」が、保育者の音楽的指導技術として求められます。すなわち、保育者の豊かなイメージから生み出される「音」の表現が、子どもの前向きな気持ちを促し、「やってみたい」から「もっとやりたい」というような、積極的表現が期待できます。保育者を目指すみなさんに、本コラムでは音楽的イメージを重要な「音づくり」の基本としている、ある作曲家の作曲への取り組みについて見てみましょう。

季節から音楽をイメージする──ピアノのための 50 の小品「詞花集」

　ピアノのための 50 の小品「詞花集」は、50 曲のタイトルすべてが季語です。俳句などで四季の感じを表すために詠み込むように定められた言葉を季語と言いますが、例えば「花冷え」といえば春、「蛍飛ぶ」は夏、「吊るし柿」は秋で、「初氷」は冬の季語です。春、夏、秋、冬と大きく漠然と表現すると同じ "春"、同じ "夏" でも人によってイメージは大分異なりますが季語となればかなりそれは限定されてきます。ただ単に「春」よりも「花冷え」のほうが具体的景色が見えてきて、凛とした桜木の立ち姿を感じますし、大きく「夏」と言うよりも「蛍飛ぶ」と言えば光跡が緑色に光を放って涼しさも感じます。

　そして都合 50 曲からなるこの曲は、タイトルなしで 1 番、2 番と機械的に番号をふっていくことも考えましたが、結局全曲にタイトルをつけることにしました。理由は 2 つ。タイトルは演奏するときの解釈の手がかりになるはずですし、作曲にあたってもイメージの拠り所になると考えたためです。文芸学者の西郷竹彦は「題名は内容を支配している」「題名は詩の 0 行目」と言っており、これ式に言えば「タイトルは曲の 0 小節目」であり、曲を支配するところのタイトルを決める作業とは、すでに作曲作業と言えるかもしれません。

　そして今回、曲のタイトルは、思考錯誤の結果次の 7 つのキーワードから選択することにしました。①好きな詩人の全集の目次、② 50 の花の花言葉、③星座 50 種、④風の名前、

⑤雲にまつわる言葉、⑥雨にまつわる言葉、⑦歳時記。

　その結果、落ち着いたのは歳時記（俳句の季語を集めて解説し例句を載せた本）でした。

そこから四季折々の言葉を選んでタイトルとし、この言葉を音楽で表現していきました。俳句

蛍飛ぶ

田嶋　勉

226

愛好者は300万人（ちなみに短歌30万人、詩3万人）と言われており、季語が必ず詠み込まれる俳句愛好者がこれほど多いのは、やはり折々の季節を愛で、ちょっとした季節の変化に気づき、吹く風や咲く花や光る月の姿に季節のうつろいを感ずることのできる人が多くいる証だと思います。それから最近ではバラエティー番組に俳句が取り上げられ大変な人気を誇っていますね。また、以前小学校の全校朝会で季節や季語についてお話しする機会があり、季語について24節気や72候などの季節についてのお話は少々難しいかと思ったのですが、まったくの杞憂に終わりました。子どもたちの反応が驚くほどよかったのです。日本人は大人と子どもを問わず、季節を愛で、それに敏感な感性をもっており、さらに、季節を感じる繊細なDNAを持ち合わせているのかなと思いました。

ピアノのための50の小品「詞花集」より『蛍飛ぶ』

　夏の宵に水のほとりを明滅しながら飛び交う蛍たちの様をイメージしました。蛍たちのゆっくり静かに弧を描くようなその軌道を跳躍進行と付点のリズムで表現しました。

引 用 ・ 参 考 文 献

● **序章**

岡 健・金澤妙子（編著）（2009）．演習保育内容 表現　建帛社

厚生労働省・令和 3 年度全国児童福祉主管課長・児童相談所長会議資料　虐待防止対策推進室（1）（htt-ps://www.mhlw.go.jp/stf/seisakunitsuite/bunya/000019801_00004.html）

後藤啓二（2011）．子どもを虐待から守る本　中央経済社

こどもの権利委員会一般的意見 7 号（2005）「乳幼児における子どもの権利の実施」子どもの権利委員会　第 40 会期（2005 年 9 月）

セーブ・ザ・チルドレン・ジャパン　国連・子どもの権利条約（http://www.savechildren.or.jp/about_sc/ko-domono_kenri/minkan1_2.html）

たかはま子ども市民憲章普及啓発委員会・たかはま子どもの市民憲章大人向け啓発書てづくりワークショップ、作・絵・デザイン三浦太郎　協力・島崎晴江（2006）．高浜市・高浜市教育委員会『おとなもね……』

● **第 1 章**

今泉 敏・小澤由嗣（編）（2009）．言語聴覚士のための基礎知識　音声学・言語学　医学書院

梅崎裕司（2009）．遊びながら学ぶ発音・発声ことばの指導――簡単手作り教材 20　明治図書

川原繁人（2018）．ビジュアル音声学　三省堂

菊地良和（2012）．エビデンスに基づいた吃音支援入門　学苑社

熊倉勇美・小林範子・今井智子（編）（2010）．発声発語障害学　医学書院

N. H. フレッシャー・T. D. ロッシング、岸 憲史・久保田秀美・吉川 茂（訳）（2002）．楽器の物理学　丸善出版

廣瀬 肇（1998）．音声障害の臨床　インテルナ出版

廣瀬 肇（監修）（2008）．ST のための音声障害診療マニュアル　インテルナ出版

森 祐子・二村吉継・南部由加里ほか（2020）．声帯結節症に対する音声治療の検討――保存的治療の効果と限界　音声言語医学, 61, 237-244

山崎祥子（2011）．子どもの発音とことばのハンドブック　芽ばえ社

Ingo R. Titze、新美成二 監訳 2003 声生成の科学――発声とその害　医歯出版

K. M. Yorkston、伊藤元信・西尾正輝（訳）（2004）．運動性発話障害の臨床――小児から成人まで　インテルナ出版

The International Phonetic Alphabet（https://westonruter.github.io/ipa-chart/）

● **第 2 章**

秋岡 陽（2002）．旋律　海老澤 敏・上参郷祐康・西岡信雄・山口 修（監）新編音楽中辞典（p.368）音楽之友社

阿部明子（1989）．保育要領　森上史朗・大場幸夫・秋山和夫・高野 陽（編）最新保育用語辞典（p.26）ミネルヴァ書房

井口 太（2014）．音楽能力の発達　井口 太（編著）新・幼児の音楽教育――幼児教育・保育士養成のための音楽的表現の指導（pp.29-31）朝日出版社

井口 太（2018）．ジャック＝ダルクローズの音楽教育　井口 太（編著）最新・幼児の音楽教育（pp.68-72）

　朝日出版社

細田淳子（2003）．乳児は歌をどのようにうたい始めるか──音刺激に対する身体反応　東京家政大学研究紀要, 43, 79-84.

梅田優子（1989）．感性　森上史朗・大場幸夫・秋山和夫・河野 陽（編）最新保育用語辞典（p.227）ミネルヴァ書房

梅本堯夫（1999）．シリーズ人間の発達 II 子どもと音楽　東京大学出版会

尾見敦子・小川昌文・高橋美智子ほか（2013）．幼児教育・初等教育における子どもと音楽の関係を問い直す──コダーイの音楽教育哲学を手がかりに　音楽教育学, 43-2, 75-80.

厚生労働省（2018）．保育所保育指針解説　フレーベル館

児嶋輝美（2009）．領域とは何か　岡 健・金澤妙子（編著）演習 保育内容 表現（pp.13-21）建帛社

坂井春樹（1999）．認知的不協和理論　中島義明・安藤清志・子安増生ほか（編）心理学辞典（p.667）有斐閣

社会保障審議会児童部会保育専門委員会（2016）．保育所保育指針の改訂に関する議論のとりまとめ　厚生労働省（https://www.mhlw.go.jp/stf/shingi2/0000146738.html）

白石正子（2006）．乳幼児の発達と音楽の関係──音楽の機能が及ぼす影響についての検討を通して　福島大学人間発達文化学類論集, 3, 13-25.

高杉 展（1989）．内容　森上史朗・大場幸夫・秋山和夫・高野 陽（編）最新保育用語辞典（p.27）ミネルヴァ書房

竹内敏晴（2001）．思想する「からだ」　晶文社

E. J. ダルクローズ、河口眞朱美（訳）（2003）．リズム・音楽・教育　開成出版

E. J. ダルクローズ、板野 平（監修）山口昌男（訳）（2003）．リズムと音楽と教育　全音楽譜出版社

中央教育審議会（2014）．中等教育における教育課程の基準等の在り方について（諮問）　文部科学省（http://www.mext.go.jp/b_menu/shingi/chukyo/chukyo0/toushin/1353440.htm）

中央教育審議会（2016）．幼稚園、小学校、中学校、高等学校及び特別支援学校の学習指導要領等の改善及び必要な方策等について（答申）　文部科学省（http://www.mext.go.jp/b_menu/shingi/chukyo/chukyo0/toushin/1380731.htm）

L. チョクシー・R. エイブラムソン・A. ガレスピー・D. ウッズ、板野和彦（訳）（1994）．音楽教育メソードの比較　全音出版社

遠山菜穂美（2002）．ジャック＝ダルクローズ　海老澤 敏・上参郷裕康・西岡信雄・山口 修（監）新編音楽中辞典（p.293）音楽之友社

花原幹夫（2009）．領域「表現」の意味　民秋 言・小田 豊・栃尾 勲・無藤 隆（編）保育内容 表現（pp.7-25）北大路書房

福嶋省吾（2018）．ジャック＝ダルクローズの音楽教育　井口 太（編著）最新・幼児の音楽教育（pp.68-72）朝日出版社

降矢美彌子（2018）．コダーイの音楽教育　井口 太（編著）最新・幼児の音楽教育（pp.62-67）朝日出版社

S. フリジェシ（編）羽仁協子（編訳）（1968）．ハンガリーの音楽教育　音楽之友社

別府祐子（2009）．「幼稚園教育要領」・「保育所保育指針」・「幼保連携型認定こども園教育・保育要領」と幼児の音楽表現　吉富功修・三村真弓（編著）幼児の音楽教育法 改訂 4 版──美しい歌声をめざして（pp.123-129）ふくろう出版

内閣府・文部科学省・厚生労働省（2018）．幼保連携型認定こども園 教育・保育要領解説　フレーベル館

名須川知子・高橋敏之（編著）（2006）．保育内容「表現」論　ミネルヴァ書房

三雲真理子（2000）．記憶と表象　谷口高士（編著）音は心の中で音楽になる──音楽心理学への招待

　　（pp.132-137）北大路書房

文部省（1956）．幼稚園教育要領　フレーベル館

文部省（1964）．幼稚園教育要領　フレーベル館

文部省（1989）．幼稚園教育要領　大蔵省印刷局

文部科学省（2008）．幼稚園教育要領解説　フレーベル館

文部科学省（2017）．小学校学習指導要領解説 音楽編　東洋館出版社

文部科学省（2018）．幼稚園教育要領解説　フレーベル館

山内光哉（1978）．知的発達　西山 啓・山内光哉（監）目でみる教育心理学（p.34）ナカニシヤ出版

幼保連携認定こども園教育・保育要領の改訂に関する検討会（2016）．幼保連携認定こども園教育・保育
　　要領の改訂に関する検討会のまとめ　内閣府（https://www8.cao.go.jp/shoushi/kodomoen/kentoukai.
　　html）

横井雅子（2002）．コダーイ　海老澤 敏・上参郷祐康・西岡信雄・山口 修（監）新編音楽中辞典（p.234）
　　音楽之友社

吉富功修・三村真由美（編著）（2009）．ジャック＝ダルクローズのリトミックの基本的考え　幼児の音楽
　　教育法 改訂 4 版──美しい歌声をめざして（pp.63-67）ふくろう出版

Davidson, L., & Scripp, L. (1988). Young children's musical representations: Windows on music cognition.
　　In J. A. Sloboda (Ed), Generative Processes in music: The Psychology of performance, improvisation,
　　and composition, Clarendon Press.

Bamberger, J. (1991). The mind behind the musical ear : How children musical intelligence. Cambridge :
　　Harvard University Press.

Moog. H. 1968 Beginn und erstes Entwicklung des Musikerlebens im Kindesalter.

Márta, P., Monica, S. (訳) (2009). ハンガリーの音楽教育──コダーイ・コンセプト　音楽教育学, 39,
　　32-38.

● 第 3 章

雨宮俊彦・水谷聡秀（2002）．はいそうですね──音声の印象の分析のこころみ　関西大学社会学部紀要,
　　33, 325-373.

大久保伸夫・西田拓郎（2015）．シリーズ国語授業づくり 音読・朗読──目的に応じた多様な方法　東洋
　　館出版

鳥海楓華・東原文子（2019）．タブレット PC を利用した小学校 4 年生ペア学習前後における音読の変化
　　（1）──SD 法による印象評定から　日本教育心理学会第 61 回総会発表論文集, 158.

原田直友（1988）．かぼちゃのつるが　小学校 4 年国語教科書平成元年度版　光村図書.

東原文子（2014）．小学校通常の学級における指導の実際　聖徳大学特別支援教育研究室（編集）一人ひ
　　とりのニーズに応える保育と教育──みんなで進める特別支援（pp.128-129）聖徳大学出版会

東原文子・鳥海楓華（2019）．タブレット PC を利用した小学校 4 年生ペア学習前後における音読の変化
　　（2）──間（ポーズ）の取り方の変容について　日本教育心理学会第 61 回総会発表論文集, 159.

村井靖児（1995）．音楽療法の基礎　音楽之友社

文部科学省（2017）．小学校学習指導要領解説 国語編

堀 清和（2013）．乳幼児期における音楽療法の可能性と課題　太成学院大学紀要 , 15, 201-210.

余郷裕次（2000）．パソコンによる音読音声の分析──会話表現の音読（小学校 2 年生）を中心に　大阪国
　　語教育研究会（編）野地潤家先生傘寿記念論集　p.63-72.

Altshuler, I. M. (1954). The past, Present and Future of Musical Therapy. In Podolsky,E. (Ed), Music Thera-
　　py. (pp.24-36). New York: Philosophical Library, 1954.

● 第4章

藍川由美（1998）．これでいいのか、にっぽんのうた　文藝春秋

藍川由美（2006）．日本の唱歌 決定版　音楽の友社

井上宏行（2001）．日本歌曲に於ける日本語の問題——團伊玖磨の歌曲を中心とした　考察　美学論究，16，31-45．

梅本堯夫（1999）．シリーズ人間の発達II 子どもと音楽　東京大学出版会

北原白秋（編）（1950）．近畿地方・兵庫　日本伝承童謡集成，5，79．

加瀬玲子（2007）．声を仕事に使う人のための加瀬メソッド基礎編（上）オーム社

小長野隆太（2009）．子どもの歌唱における音高の正確さの発達を知る　吉富功修・三村真弓（編著）幼児の音楽教育法——美しい歌声をめざして 改訂4版　ふくろう出版

教芸音楽研究グループ（編）（1994）．音楽通論　教育芸術社

小泉文夫（編）（1969）．わらべうたの研究　わらべうたの研究刊行会

小泉文夫（1994）音楽の根源にあるもの　平凡社

小島美子（1967）．音楽教育研究　音楽之友社

小島美子（1982）．日本音楽の音階　東洋音楽学会（編）日本の音階（pp.84-95）音楽の友社

小島美子（1986）．日本民俗音楽再考　国立歴史民俗博物館研究報告，11，247-266．

小島美子（2004）．日本童謡音楽史　第一書房

蔡 芳男（1972）．「赤い鳥」童謡音楽の成立 日本大学教育学会紀要，6，24-36．

團 伊玖磨（1949）．歌曲の作曲と詩のアクセント理論　教育音楽，4-12，10-13．

沼野雄司（2002）．シュプレヒゲザング　海老澤 敏・上参郷裕康・西岡信雄・山口 修（監）新編音楽中辞典（p.310）音楽之友社

畑中圭一（2007）．日本の童謡——誕生から90年のあゆみ　平凡社

藤田圭雄（1971）．日本童謡史　あかね書房

福井昭文（2006）．よくわかる日本音楽基礎講座——雅楽から民謡まで　音楽之友社

堀内恵三（1977）．音楽五十年史（上）講談社

正高信雄（1995）．マザリーズ　岡本夏木・清水御代明・村井潤一（監）発達心理学辞典（p.637）ミネルヴァ書房

三瓶誠一朗（編）（1973）．日本童謡全集

村田千尋（2002）．海老澤 敏・上参郷裕康・西岡信雄・山口 修（監）新編音楽中辞典（p.138）音楽之友社

文部科学省（2017）．幼稚園教育要領　フレーベル館

文部科学省（2017）．小学校学習指導要領　東洋館出版

文部科学省（2017）．小学校学習指導要領解説 音楽編　東洋館出版社

文部省（1881）．小学唱歌集 初編　文部省音楽取調掛編纂

文部省（1887）．幼稚園唱歌集 全　文部省音楽取調掛編纂

山田耕筰（1959）．山田耕筰百言集　日本書籍株式会社

山田耕筰（1959）．山田耕筰名歌曲全集　第一巻　日本放送出版協会

山田耕筰（2001）．山田耕筰著作全集　第1巻　岩波書店

吉川英史（1972）．日本音楽の手引き　株式会社カワイ楽譜

芳野道子（2019）．『赤い鳥』童謡への一考察　武蔵野学院大学日本総合研究所研究紀要，16，161-172．

米山文明（2007）．美しい声で日本語を話す　平凡社

渡邊雄介（2018）．フケ声がいやなら「声筋」を鍛えなさい　晶文社

渡邊雄介（2021）．専門医が教える声が出にくくなったら読む本　あさ出版

Reid, C. L.（1950）．Bel Canto:Principles and Practices. Boston:Coleman & Ross（C. L. リード、渡部東吾
　　　（訳）（1987）．ベル・カント唱法――その原理と実践　音楽の友社）
Marion, J. C.（1997）．APPRENDRE À CHANTER.（ジャン＝クロード・マリオン、美山節子（訳）（2003）．
　　　はじめての発声法――基礎を学ぶポイント 30　音楽の友社）

● **第5章**
小川鮎子・下釜綾子・高原和子・瀧 信子・矢野咲子（2013）．幼児の身体表現活動を引き出す言葉がけ
　　　――オノマトペを用いた動きとイメージ　佐賀女子短期大学研究紀要, 47, pp.102-116.
厚生労働省（2017）．保育所保育指針　フレーベル館
近藤 綾・渡辺大介・大出紀子・伊藤祥子・小津草太郎・越中康治（2008）．保育における自然体験活動で
　　　のオノマトペ表現に関する実態調査　幼児教育研究年報, 30, pp.113-119.
内閣府・文部科学省・厚生労働省（2017）．幼保連携型認定こども園教育・保育要領　フレーベル館
野村良雄・柴田南雄・服部幸三ほか（1966）．標準音楽辞典　音楽之友社
原子はるみ・奥野正義（2007）．保育活動におけるオノマトペ表現の有機的機能に関する一考察　北海道
　　　教育大学教育実践総合センター紀要, 8, pp.167-174.
文部科学省（2017）．幼稚園教育要領　フレーベル館
文部科学省．学校教材の整備.（https://www.mext.go.jp/a_menu/shotou/kyozai/index.htm）
矢口幸康（2016）．表記形態がオノマトペの意味的印象に与える影響　聖徳大学研究紀要, 27, pp.1-5.
ヤマハミュージックジャパン．カタログ・取扱説明書――ダウンロードスペシャルコンテンツ.（https://
　　　jp.yamaha.com/products/contents/educational_equipments/download/index.html）
Josh H. McDermott, Alan F. Schultz, Eduardo A. Undurraga & Ricardo A. Godoy（2016）.Indifference to dis-
　　　sonance in native Amazonians reveals cultural variation in music perception. Nature volume, 535,
　　　547-550.

● **第6章**
大蔵康義（2010）．人は音・音楽をどのように聴いているのか――統計による実証と楽曲リスト　国書刊
　　　行会
越智光輝（2021）．音楽を伴う表現活動に関する保育現場 372 か所への調査――幼稚園 39 園、保育所 61
　　　園、幼保連携型認定こども園 16 園の回答によるピアノの演奏に関する課題の検討　国際学院埼玉
　　　短期大学研究紀要, 46, 1-15.
小宮路敏（1992）．楽しいリズムあそび　玉川大学出版部
厚生労働省（2017）．保育所保育指針　フレーベル館
櫻井哲男（1978）．新・楽器分類法　国立民族学博物館研究報告, 3, pp.40-62.
谷口高士（編著）（2000）．音は心の中で音楽になる――音楽心理学への招待　北大路書房
文部科学省（2017）．幼稚園教育要領　フレーベル館
文部科学省（2017）．幼保連携型認定こども園教育・保育要領　フレーベル館
内閣府・文部科学省・厚生労働省（2017）．幼保連携型認定こども園教育・保育要領　フレーベル館
小山みずえ・八木浩雄・田尻真珠・野村 和・芳野道子（編著）（2020）．武蔵野短期大学幼児教育学科
　　　2020 年度 実習の手引き武蔵野短期大学幼児教育学科.
野村 誠・片岡祐介（2004）．即興演奏ってどうやるの――CD で聴く！　音楽療法のセッション・レシピ集
　　　あおぞら音楽社
野村良雄・柴田南雄・服部幸三ほか（1966）．標準音楽辞典　音楽之友社
PET ボトルリサイクル推進協議会．Section10 識別表示マーク PET ボトル Q&A（https://www.petbottle-rec.

gr. jp/qanda/sec10.html）

柳澤邦子（編著）（2014）．領域「表現」子どもと楽しむための音楽表現──のびのびと心と身体を育む　フレーベル館

柳澤邦子（編著）（2018）．領域「表現」子どもと楽しむための音楽素材集──のびのびと心と身体を育む実践編　フレーベル館

ヤマハミュージックジャパン．カタログ・取扱説明書──ダウンロードスペシャルコンテンツ（https://jp.yamaha.com/products/contents/educational_equipments/download/index.html）

吉富功修・三村真弓（編著）（2009）．幼児の音楽教育法──美しい歌声をめざして　ふくろう出版

レッツ・キッズ・ソンググループ（2004）．うたって楽しい手あそび指あそび120　ポプラ社

● **コラム**

畝木真由美（2001）．ダンス学習におけるモノを手がかりとした授業の可能性について　日本体育学会大会号, 52, p.629.

R. カヴァイエ、西山志風（訳）（1987）．日本の音楽教育　新潮社

R. M. シェーファー、鳥越けい子・若尾 裕・今田匡彦（訳）（1992）．サウンド・エデュケーション　春秋社

鳥越けい子（1997）．サウンドスケープ──その思想と実践　鹿島出版会

鳥越けい子（2002）．サウンドスケープ　海老澤敏・上参郷裕康・西岡信雄・山口 修（監）新編 音楽中辞典（p.257）音楽之友社

長坂光彦（編）（1977）．絵画製作・造形　川島書店

日本ネイチャーゲーム協会（監修）（2013）．子どもと楽しむ自然体験活動──保育力をみがくネイチャーゲーム　光生館

無藤 隆（2013）．幼児教育のデザイン──保育の生態学　東京大学出版会

村田孝次（1986）．運児童心理学入門　培風館

山形恭子（1995）．絵画（描画）の発達、錯画、レントゲン画　岡本夏木・清水御代明・村井潤一（監）発達心理学辞典（p.76）（p.233）（p.695）（p.495）（pp.695-695）ミネルヴァ書房

矢野喜夫（1995）．発達　岡本夏木・清水御代明・村井潤一（監）発達心理学辞典（p.552）ミネルヴァ書房

安田 寛（2012）．バイエルの謎──日本文化になったヒアノ教則本　音楽之友社

若尾 裕（1986）．音の教育・耳の思想　小川博司・庄野泰子・田中直子・鳥越けい子（編著）波の記譜法　環境音楽とは何か（pp.257-271）時事通信社

吉永早苗（2016）．音はどう聞こえるか　無藤 隆（監）子どもの音楽感受の世界──心の耳を育む音感受教育による保育内容「表現」の探究（pp.2-3）萌文書林

人名・事項索引

● **監修者**

<ruby>渡<rt>わ</rt></ruby><ruby>邊<rt>たなべ</rt></ruby><ruby>雄<rt>ゆう</rt></ruby><ruby>介<rt>すけ</rt></ruby>　国際医療福祉大学医学部

● **編著者**

<ruby>芳<rt>よし</rt></ruby><ruby>野<rt>の</rt></ruby><ruby>道<rt>みち</rt></ruby><ruby>子<rt>こ</rt></ruby>　【序章、第2章、第4章1節・2節、第6章4節、コラム2・3・5】　前武蔵野短期大学幼児
　　　教育学科

<ruby>越<rt>お</rt></ruby><ruby>智<rt>ち</rt></ruby><ruby>光<rt>みつ</rt></ruby><ruby>輝<rt>てる</rt></ruby>　【第4章3節・4節、第5章1節・2節・3節、第6章4節、コラム7】　国際学院埼玉短期大
　　　学幼児保育学科

● **執筆者**

<ruby>二<rt>に</rt></ruby><ruby>村<rt>むら</rt></ruby><ruby>吉<rt>よし</rt></ruby><ruby>継<rt>つぐ</rt></ruby>　【第1章、コラム1】　二村耳鼻咽喉科ボイスクリニック

<ruby>東<rt>ひがし</rt></ruby><ruby>原<rt>ばら</rt></ruby><ruby>文<rt>ふみ</rt></ruby><ruby>子<rt>こ</rt></ruby>　【第3章2節】聖徳大学教育学部

<ruby>小<rt>こ</rt></ruby><ruby>島<rt>じま</rt></ruby><ruby>直<rt>なお</rt></ruby><ruby>子<rt>こ</rt></ruby>　【第3章1節、第6章2節、コラム4・8】　武蔵野短期大学附属幼稚園

<ruby>古<rt>ふる</rt></ruby><ruby>木<rt>き</rt></ruby><ruby>竜<rt>りゅう</rt></ruby><ruby>太<rt>た</rt></ruby>　【第5章5節、コラム6】　国際学院埼玉短期大学幼児保育学科

<ruby>関<rt>せき</rt></ruby><ruby>口<rt>ぐち</rt></ruby><ruby>明<rt>あき</rt></ruby><ruby>子<rt>こ</rt></ruby>　【第5章4節、第6章1節】　聖徳大学教育学部

<ruby>田<rt>た</rt></ruby><ruby>尻<rt>じり</rt></ruby><ruby>真<rt>しん</rt></ruby><ruby>珠<rt>じゅ</rt></ruby>　【第6章4節】　武蔵野短期大学幼児教育学科

<ruby>田<rt>た</rt></ruby><ruby>嶋<rt>じま</rt></ruby>　<ruby>勉<rt>つとむ</rt></ruby>　【第4章1節、第6章3節、コラム9】　前千葉県柏市立増尾西小学校

<ruby>根<rt>ね</rt></ruby><ruby>岸<rt>ぎし</rt></ruby><ruby>良<rt>りょう</rt></ruby><ruby>太<rt>た</rt></ruby>　【第3章3節】　こまがた幼稚園

<ruby>鳥<rt>とり</rt></ruby><ruby>海<rt>うみ</rt></ruby><ruby>楓<rt>ふう</rt></ruby><ruby>華<rt>か</rt></ruby>　【第3章2節】　放課後等デイサービス ハッピーテラス

● 本文イラスト　村山宇希（ぽるか）
● 本文楽譜浄書　株式会社ライトスタッフ

保育内容「音楽表現」
声から音楽へ　響きあう心と身体

2022 年 5 月 10 日　初版第 1 刷発行

監修者　渡邊雄介
編著者　芳野道子・越智光輝
発行者　宮下基幸
発行所　福村出版株式会社
　　　　〒 113-0034　東京都文京区湯島 2-14-11
　　　　電 話　03（5812）9702
　　　　ＦＡＸ　03（5812）9705
　　　　https://www.fukumura.co.jp
印刷・製本　中央精版印刷株式会社